CÓ

MW01169120

ABA 4 LOVE
https://aba4love.com

Trainer 4 Love
https://www.trainer4love.com

Note 4 Love
https://www.notes4love.com

Comunidad ABA 4 LOVE
https://aba4love.com/com/2

"Un fracaso no es siempre un error... El verdadero error es dejar de intentarlo."

-BF Skinner

¡EL MARAVILLOSO MUNDO DEL ANÁLISIS CONDUCTUAL APLICADO!

El Análisis Conductual Aplicado, o simplemente ABA, por sus siglas en inglés de 'Applied Behavior Analysis', es una maravillosa rama de la psicología que busca entender por qué las personas actúan de determinada manera. Responde a esa pregunta súper interesante: ¿por qué las personas actúan como actúan? wow!

¡Es todo un universo por explorar! Lo más emocionante es que, una vez que comprendemos el comportamiento, podemos utilizar técnicas e intervenciones basadas en ABA para resolver problemas conductuales que afectan tanto a individuos como a la sociedad.

Imagina si todas las personas conocieran los conceptos básicos del comportamiento. Podrían mejorar significativamente sus vidas, la de quienes los rodean y la sociedad en general.

Este libro está dirigido a todos aquellos que desean descubrir el mundo del Análisis Conductual Aplicado, ya sea de manera profesional o no. Está escrito de forma sencilla e ilustrativa para que puedas adquirir bases sólidas en tu aprendizaje y aplicarlas con facilidad en la vida práctica.

He preparado a cientos de terapeutas de conducta (Behavior Technicians) y ayudado a muchas familias. Espero lograr aún más contigo a través de estas páginas. El objetivo es enamorarte lo suficiente para que, a través de ti, podamos expandir esta ciencia a donde quiera que vayas.

Mi nombre es Yaima Larin, soy BCBA, y me encantaría invitarte a descubrir este maravilloso mundo del ABA y su poder terapéutico de una manera simple, clara y en tu idioma.

¿Qué son las terapias de ABA?

Estas terapias se basan en la ciencia del ABA, la cual se enfoca en modificar el comportamiento para lograr cambios "socialmente significativos". ¿Qué significa esto? ¡Es simple! Se refiere a mejorar conductas que son importantes tanto para el individuo como para la sociedad en general.

The term applied refers to this socially significant change. Social significance means that the improvement is important to the client, their family and society. (Cooper et al., 2007, p. 16).

El término "applied" se refiere a este cambio socialmente significativo. Significado social implica que la mejora es importante para el cliente, su familia y la sociedad.

Objetivo: Integración en la Sociedad

El principal propósito de las terapias de ABA es lograr que los individuos se integren plenamente en la sociedad. Se trabaja en mejorar habilidades sociales, cognitivas, de la vida diaria o incluso en el entorno laboral. El objetivo es aumentar conductas socialmente aceptadas y disminuir o eliminar aquellas que no se ajustan a las normas de la sociedad.

ABA en Acción: Diversos Campos de Aplicación

Lo fascinante del ABA es su versatilidad. Sus principios y técnicas se pueden aplicar en múltiples ámbitos. Desde el entorno educacional y familiar hasta los negocios, fábricas e incluso en el entrenamiento de animales y deportistas. ¡El ABA es poderoso en cualquier contexto!

ABA y las Necesidades Especiales

Es cierto que el ABA ha demostrado ser especialmente efectivo en el tratamiento de niños y adultos con autismo, ADHD, ODD y otros trastornos psicológicos. Sin embargo, no se limita a ello. ¡Es una ciencia para todos los entornos!

Profesionales Comprometidos con la Ética

Dado que las técnicas e intervenciones de ABA son poderosas, los profesionales de ABA se toman muy en serio su trabajo y su conducta profesional. De hecho, cumplir con el código de ética es uno de los requisitos que se exige para mantener la certificación como profesional de ABA.

Utilizamos ABA para mejorar la vida de las personas, apegándonos al código ética para evitar errores y daños irreparables.

Los Roles en el Campo de ABA

- <u>Board Certified Behavior Analyst® (BCBA®)</u>

Nivel de posgrado. Profesionales independientes que diseñan tratamientos y supervisan otros roles en ABA.

- <u>Board Certified Assistant Behavior Analyst®</u> <u>(BCaBA®)</u>

Nivel universitario. Brindan servicios bajo la supervisión de un BCBA y pueden supervisar RBTs®.

- <u>Registered Behavior Technician® (RBT®)</u>

Nivel preuniversitario (equivalente a High School en USA). Paraprofesional certificado en ABA. Los RBT ayudan a brindar servicios y aplicar prácticas basadas en el análisis de comportamiento bajo la dirección y supervisión cercana de un supervisor de RBT y/o un coordinador de RBT, quienes son responsables de supervisar todo el trabajo realizado por los RBT.

BACB: Garantía de Calidad

Los profesionales en ABA están certificados y regidos por el Behavior Analyst Certification Board (BACB), comúnmente llamado "board". Esta organización sin fines de lucro establecida en el 1998 garantiza altos estándares de práctica profesional para proteger a los consumidores de servicios de ABA.

Todos los que desean certificarse en el mundo del ABA deben crearse una cuenta en el sitio official de la BACB (https://www.bacb.com/).

Visita nuestro canal de YouTube, ABA 4 Love para ver un video de ayuda.

El Camino hacia la Certificación como RBT

Obtener la certificación como RBT (Registered Behavior Technician) es un emocionante paso hacia una carrera en el campo del Análisis Aplicado de la Conducta (ABA). Como RBT, serás una parte fundamental del equipo que brinda terapias y servicios basados en ABA a individuos que necesitan apoyo para mejorar su comportamiento y habilidades.

Aquí se comparte los pasos a seguir para obtener la certificación como RBT, basado en el Handbook del RBT del Behavior Analyst Certification Board (BACB):

1 Cumplir requisitos de Elegibilidad

- Tener más de 18 años de edad.
- Diploma de High School.
- Pasar la verificación de antecedentes (Background check).
- Completar 40 horas de capacitación (RBT 40-Hour Training).
- Completar una evaluación de competencia (Initial Competency Assessment).

2 Crear una cuenta BACB

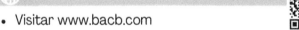

- Visitar www.bacb.com
- Escanea el código para un video de ayuda

3 Completar Aplicación

- Escanea el código para un video de ayuda

4 Tomar el examen

- Examen en inglés de opción múltiple

5 Mantener su certificación

- Recibir supervision cercana y continua.
- Cumplir con el código de ética.
- Renovar cada año.

**Para más consulte el handbook del RBT en www.bacb.com

What is
BEHAVIOR

BEHAVIOR / CONDUCTA

*The term **Behavior** refers to an observable, measurable action by a living organism. (Cooper et al., 2007, p. 16).*

*El término **Comportamiento** se refiere a una acción observable y medible de un organismo vivo. (Cooper et al., 2007, p. 16).*

Behavior es todo lo que una persona hace o dice y de alguna manera lo podamos observar y medir. (Ej. cuantas veces lo hizo, tiempo que duro haciéndolo, tiempo que se demoro en comenzar a hacerlo, etc.)

Ejemplo: llorar, bailar, escribir, hacer preguntas, nadar, comer, saltar...

Ejemplos en inglés: Crying, dancing, writing, asking questions, swimming, eating, and jumping.

Response / Respuesta

El término *"**respuesta**"* es ampliamente utilizado en ABA y se refiere a cada ocurrencia de una conducta.

*The term **response** refers to a specific instance of behavior. (Cooper et al. 3rd Ed p. 27)*

El término respuesta se refiere a una instancia específica de comportamiento. (Cooper et al. 3ª Ed. pág. 27)

Ejemplo: Henry comió 4 veces. Se observaron 4 _respuestas_ de un behavior : "comer".

Behavior: Eating
Responses: 4

R 1   R 2   R 3   R 4

What is NOT behavior? / ¿Qué NO es Conducta?

No es conducta (Behavior) atributos o características físicas, como la altura o el peso. Estos no son acciones que una persona pueda hacer o decir, ¿verdad?

¿Y qué hay de los sentimientos, emociones, pensamientos, recuerdos, etc.? Estas son experiencias que ocurren dentro de nosotros, llamadas "comportamientos encubiertos" o "**covert behaviors**". No se pueden observar directamente.

Los comportamientos encubiertos pueden manifestarse de diferentes maneras.

Para poder analizar y comunicar estos "covert behaviors", necesitamos traducirlos en comportamientos externos que se puedan observar y medir. De esta manera, podemos capturar con precisión el comportamiento de una persona y utilizar esa información para analizar y planificar intervenciones efectivas.

Behavioral Definitions / Definición operacional

Los profesionales de ABA se enfocan en definir cada conducta a tratar de manera especial para que sea comprensible para todos, con el fin de identificar y medir comportamientos de forma precisa.

Esto se realiza antes de que el RBT comience a implementar el tratamiento, asegurando que todos identifiquen con precisión la conducta objetivo.

Las definiciones deben ser *claras*, *completas*, *objetivas* y libres de estados intencionales no observables, siendo inclusivas y sin superponerse con otras definiciones.

Por ejemplo, "tantrum" podría definirse como: cualquier ocurrencia de estar tirado en el suelo fuera de la actividad física, y/o llorando con contracción facial y/o gritando por encima del volumen normal de una conversación, durante cualquier período de tiempo.

Response Topography / Topografía de la Conducta

La conducta también puede describirse por su forma, es decir, cómo luce o se presenta externamente. La topografía de la respuesta se *refiere específicamente a la forma física o apariencia del comportamiento.*

Response topography refers to the physical shape or form of behavior. *(Cooper et al.3rd Ed p. 27)*

Ejemplo:
"Comer" Se define como cada instancia en la que el individuo lleva alimentos a su boca, usando cubiertos o las manos, mastica y traga la comida para satisfacer sus necesidades alimenticias.

Porque es importante entender la Topografía y la Definición Operacional de la conducta?

1. Permite la identificación precisa y la medición del comportamiento.
2. Facilita la recopilación de datos exactos y la aplicación del tratamiento conductual.

"Toda conducta tiene un ANTES y un DESPUÉS."

"Contingencia de Tres Términos" o "Three-Term Contingency" representa la relación entre: Antecedente (A), Conducta (B) y Consecuencia (C).

ANTECEDENT   **BEHAVIOR**   **CONSEQUENCE**

Antecedente (**A**): Es el evento o estímulo que precede directamente a la conducta, funcionando como una señal para el individuo y estableciendo el contexto para la acción.

Comportamiento (**B**): Se refiere a la acción observada y medible del individuo.

Consecuencia (**C**): Es el evento o estímulo que sigue al comportamiento y tendrá un impacto en su futura repetición. La adición o eliminación de un estímulo modifica la probabilidad de que la conducta ocurra nuevamente.

ANTECEDENT	BEHAVIOR	CONSEQUENCE
Michael's mom asks him to do his homework	Michael completes his homework	Michel's mom gives him a dollar.

Ejemplo:

La mamá pidió a Michel hacer la tarea (Antecedente). Michel la completó (Conducta) y su madre le dió un dulce (Consecuencia). La próxima vez que se le pida hacer la tarea, es probable que Michel lo haga de inmediato debido a la recompensa previa.

En resumen comportamiento es influenciado por antecedentes y consecuencias. Los RBT deben se capaces captar datos de ABC para el análisis por analistas. Comprender esta interacción ayuda a diseñar estrategias de modificación conductual.

STIMULUS

"Todo comportamiento ocurre en un ambiente lleno de estímulos."

ENVIRONMENT / AMBIENTE

Environment refers to the full set of physical circumstances in which the organism exists. *(Cooper et al.3rd Ed p. 27)*

"Environment" se refiere al conjunto completo de circunstancias físicas en las que el organismo existe. *(Cooper et al.3rd Ed p. 27)*

En resumen, "environment" se refiere al entorno o contexto en el que ocurre el comportamiento de un individuo. Es el conjunto de circunstancias, situaciones y <u>estímulos</u> que el individuo percibe y que pueden influir en su conducta.

STIMULUS / ESTÍMULOS

A stimulus is any event or situation that affects an organism and can lead to a response or change in behavior. *(Cooper et al.3rd Ed p. 27)*

Un estímulo es cualquier evento o situación que afecta a un organismo y puede provocar una respuesta o un cambio de conducta. (Cooper et al.3rd Ed p. 27)

Un estímulo abarca prácticamente todo lo que nuestras células receptoras son capaces de percibir; ya sea un evento o una situación, un olor, un sonido, la presencia de una persona o una luz brillante. Estos estímulos afectan al organismo y pueden provocar una respuesta.

Unconditioned Stimulus (US) - Primary Stimulus

Un "Unconditioned Stimulus (US)" o Estímulo Incondicionado, en español, es un estímulo natural que desencadena una respuesta automática sin previo aprendizaje. Estos estímulos, como la comida, agua o el oxígeno, están relacionados con la supervivencia. La respuesta automática se llama "Unconditioned Response (UR)" o Respuesta Incondicionada en español.

- La presencia de comida (US) desencadena la salivación (UR) para prepararse para la digestión.

- Un estímulo doloroso, como tocar algo caliente (US) hace retirar de inmediato la mano (UR) para evitar daño adicional.

- Estímulo doloroso, intenso o inusual (US) desencadena un aumento de la frecuencia cardíaca o secreción de adrenalina (UR) preparando al cuerpo para enfrentar la situación.

- Ante una baja temperatura ambiental, el cuerpo experimenta escalofríos como una respuesta natural para aumentar la temperatura corporal y mantener el calor.

Neutral Stimulus - Estímulo Neutro - (NS)

Un "Neutral Stimulus (NS)", o Estímulo Neutro, en español, es un estímulo que no tiene un efecto específico sobre la respuesta que se está estudiando. Es un estímulo que atrae la atención del individuo pero no provoca una respuesta particular por sí mismo.

Conditioned Stimulus (CS) - Secondary Stimulus

Los estímulos condicionados (CS) son inicialmente estímulos neutros (NS) que, después de haber sido asociados o emparejados repetidamente con estímulos incondicionados (US), pueden provocar respuestas condicionadas (CR); es decir, se convierten en estímulos condicionados (CS).

Los estudiantes escuchan el sonido de una campana justo antes de que los dejen salir para el almuerzo.

El sonido de la campana (originalmente neutral) se asocia con la comida (US), haciendo que los estudiantes sientan hambre al escuchar la campana, convirtiendo así el sonido de la campana en un estímulo condicionado (CS).

Un RBT usa comida para motivar a un niño en tareas académicas y elogia constantemente su esfuerzo. Con el tiempo, los elogios del RBT se convierten en un estímulo condicionado (CS) que motiva al niño sin necesidad de comida (US). Esto muestra cómo un CS puede reemplazar a un US original.

Algunos otros ejemplos son los semáforos, la moda, los lugares y los juguetes. En resumen, cualquier estímulo que tenga una historia de aprendizaje previo.

Este fenómeno de aprendizaje se conoce como **Condicionamiento Clásico** y fue desarrollado y estudiado por el fisiólogo ruso Ivan Pavlov, quien lo explicó a través de un famoso experimento con perros.

Classical Conditioning - Condicionamiento Clásico ***** Los Perros de Pavlov *****

Pavlov decidió hacer algo interesante. Comenzó a tocar una campana (NS) justo antes de darle comida (US) al perro. Después de hacer esto varias veces, notó que el perro comenzaba a salivar no solo cuando veía la comida, sino también cuando escuchaba la campana. En otras palabras, la campana se convirtió en un estímulo condicionado (CS) que hacía que el perro salivara, aunque no hubiera comida presente.

La campana, inicialmente un Estímulo Neutral (NS), no provoca una respuesta específica.

La carne, un US, provoca la salivación.

La campana NS se presenta junto con la carne, el perro saliva.

Ahora la campana es CS que también produce la respuesta de salivar.

ESTÍMULOS DEL CONSECUENTE

-REINFORCEMENT
-PUNISHMENT

ANTECEDENT

BEHAVIOR

CONSEQUENCE

Sr+   Sr-
Sp+   Sp-

"When something is pleasurable for us, we are more likely to repeat it"
B.F. Skinner

El **_Reforzamiento_** se refiere al proceso que ocurre cuando una respuesta es seguida por una consecuencia agradable (la presentación o eliminación de un estímulo), lo que aumenta la probabilidad de que esa conducta se repita en el futuro.

ANTECEDENT	**BEHAVIOR**	**CONSEQUENCE**
Michael's mom asks him to do his homework	Michael completes his homework	Michel's mom gives him a dollar.

Ejemplo de Reforzamiento en la Conducta de Michel:

Cuando la mamá le pidió que hiciera la tarea, Michel la completó y recibió un dulce como recompensa. La próxima vez que se le pida hacer la tarea, es probable que Michel lo haga de inmediato debido a la recompensa previa. Si Michel repite esta conducta, podemos decir que ha ocurrido un Reforzamiento de su conducta de hacer tareas.

Positive Reinforcement / Refuerzo Positivo / Sr+

El refuerzo positivo implica **AGREGAR** un estímulo agradable o deseado, como elogios o recompensas, después del comportamiento (en el Consecuente), lo que aumenta la probabilidad de que esa conducta se repita en el futuro.

Por ejemplo, imagina que la maestra hace una pregunta en clase, la alumna responde y la maestra le dice "muy bien" (estimulo AGREGADO). En el futuro, es muy probable que la alumna vuelva a participar activamente en clases.

Positive Reinforcement (Sr+) refers to the introduction of a desirable or pleasant stimulus after a behavior. The desirable stimulus reinforces the behavior, making it more likely that the behavior will reoccur.

El Refuerzo Positivo (Sr+) se refiere a la introducción de un estímulo deseable o placentero después de una conducta. El estímulo deseable refuerza la conducta, haciendo más probable que ésta vuelva a ocurrir.

(EN)

Negative Reinforcement (Sr-) occurs when a response results in the termination, reduction, delay, or avoidance of a stimulus as a consequence. This leads to an INCREASE in the likelihood of that response occurring again in the future. It involves ESCAPING or AVOIDING an aversive or undesired stimulus.

(ES)

Negative Reinforcement (Sr-) ocurre cuando una respuesta tiene como consecuencia la terminación, reducción, retraso o evitación de un estímulo. Esto conduce a un AUMENTO en la probabilidad de que esa respuesta vuelva a ocurrir en el futuro. Implica ESCAPAR o EVITAR un estímulo aversivo o no deseado.

Un niño se pone su abrigo antes de salir en un día frío para evitar el frío. Ponerse el abrigo elimina la sensación incómoda del frío.

Ponerse mascarilla en lugares públicos para evitar contagiarse con un virus.

Decir "no quiero" o apartar la comida durante la hora de comer para retrasar o evitar la comida funciona como una forma de escapar o evitar la situación de comer.

Unconditioned Reinforcers/ Reforzadores Incondicionado

También llamado "Primary Reinforcers" (Reforzadores primarios)

Los Reforzadores Incondicionados son estímulos que funcionan como refuerzo aunque el organismo no haya tenido un historial particular de aprendizaje con esos estímulos.

Por ejemplo, estímulos como la comida, el agua y la estimulación sexual que apoyan el mantenimiento biológico del organismo y la supervivencia de las especies a menudo funcionan como reforzadores incondicionados.

Conditioned Reinforcers/ Reforzadores Condicionado

También llamado "Secondary Reinforcers" (Reforzadores secundarios)

Los Reforzadores Condicionados son estímulos que, a través del emparejamiento con reforzadores incondicionados o previamente condicionados, adquieren la capacidad de aumentar la probabilidad de que una conducta se repita en el futuro. Estos estímulos se vuelven reforzadores debido a la asociación que tienen con otros reforzadores.

Por ejemplo, estímulos como la ropa de moda, juguetes, lugares agradables o viajes de placer a menudo funcionan como reforzadores condicionados.

Generalized Conditioned Reinforcers

Los reforzadores condicionados generalizados son estímulos que han sido previamente relacionados con una variedad de recompensas tanto naturales como aprendidas. Ejemplos típicos incluyen la atención social, el dinero y los tokens.

El dinero al igual que los tokens, son estímulos que pueden intercambiarse por una variedad de bienes y servicios, y esta asociación repetida lo convierte en un estímulo condicionado generalizado que motiva muchas acciones.

La atención social, que incluye la proximidad, el contacto visual y los elogios, se vuelve gratificante debido a sus asociaciones con otros estímulos como el afecto de los seres queridos y el éxito en las relaciones sociales.

"Token Economy" es una intervención conductual utilizada en ABA que implica un sistema de fichas, puntos o marcas que los participantes pueden ganar al participar en comportamientos deseados.

Estas fichas se acumulan y luego pueden intercambiarse por recompensas o privilegios específicos, llamados *"backup reinforcers"* (Reforzadores de intercambio).

Proporcionan una forma estructurada de reforzar comportamientos deseados de forma inmediata y desalentar los no deseados.

Los token pueden tener varias formas.

Los tokens son reforzadores condicionados que:

- Proporcionan refuerzo inmediato.
- Previenen la saciedad.
- No interrumpen la actividad de enseñanza.
- Deben ser duraderos, no fáciles de romper o perder.
- No deben ser más atractivos o valiosos que los reforzadores de intercambio.

Ejemplo de "token board" (Tablero de token).

FUNCTION OF BEHAVIOR / FUNCIONES DE LA CONDUCTA

Behaviors can be strengthened by either
"getting something" or "getting out of something."

(Cooper et al.3rd Ed p. 624)

Las personas a menudo actúan para "obtener algo" que les resulta gratificante (Sr+) o para "liberarse de algo" que les resulta aversivo (Sr-).

Esto es lo que da lugar a las funciones del comportamiento Las cuatro funciones principales del comportamiento en ABA son:

- Attention / Atención
- Tangible/ Tangible
- Escape / Escape
- Automático / Automatic

Attention / Atención

(Positive Reinforcement, Sr+)

El comportamiento por "Attention" ocurre cuando la persona que realiza la acción está buscando la atención de alguien más. Hacer la conducta resulta en la atención de otras personas.

Un niño llora buscando captar la atención de su madre.

Un niño pone una cara graciosa para hacer reír a sus amigos.

Tangible / Tangible

(Positive Reinforcement, Sr+)

Conductas por tangible son aquellas que se hacen para obtener algo concreto o acceder a una actividad preferida. Llevar a cabo la conductas resulta en la obtención de algún objeto material o acceso a un evento o una actividad preferida.

Por ejemplo, cuando los niños pelean por una pelota, lloran porque quieren que su madre les compre un juguete, o cuando una niña termina adecuadamente su tarea para poder ir a jugar al parque. Estos son ejemplos de conductas por "tangible".

Escape / Escape

(Negative Reinforcement, Sr-)

Muchos comportamientos se aprenden porque resultan en la terminación o evitación de eventos que no son agradables para el individuo. Realizar este tipo de conducta permite al individuo escapar o evitar un estímulo aversivo.

Por ejemplo, una niña le dice a sus padres que se siente mal o le duele la cabeza para no hacer su tarea, o una persona cuelga el teléfono para terminar una conversación desagradable.

Automatic / Automático

(Positive or Negative Reinforcement, Sr)

Este tipo de comportamiento se refiere a la estimulación de los sentidos o a la auto-estimulación. A diferencia de otros comportamientos, no depende de la acción de otras personas, es decir, no está influenciado por la interacción social, *no hay una mediación social*. En lugar de eso, el individuo se comporta de manera que experimenta una sensación interna placentera o elimina una sensación interna desagradable.

Por ejemplo:

Una niña se chupa el dedo para experimentar una estimulación interna agradable.

Un niño se rasca intensamente para aliviar la sensación de picor de manera interna.

Un niño se come las uñas cuando está en lugares concurridos para aliviar la ansiedad que le provoca estar allí.

SCHEDULE OF REINFORCEMENT

¿Cómo y cuando entregamos el refuerzo?

Schedule of reinforcement *is a rule that establishes the probability that a specific occurrence of a behavior will produce reinforcement. (Cooper et al.3rd Ed p. 321)*

Un programa de refuerzo *es una regla que establece la probabilidad de que una ocurrencia específica de un comportamiento produzca refuerzo.(Cooper et al.3rd Ed p. 301)*

Continuous Schedule of Reinforcement (CRF)

CRF proporciona refuerzo para cada ocurrencia del comportamiento.

Cada vez que Alex hace la tarea su papá le da un caramelo. Este es un ejemplo de CRF.

El Continuous Reinforcement se utiliza en las primeras etapas de adquisición de habilidades y se emplea para enseñar y fortalecer las conductas/habilidades.

Intermittent Schedule of Reinforcement (INT)

INT provee refuerzo solamente para algunas ocurrencias específicas del comportamiento, no todas las ocurrencias del comportamiento son reforzadas. Existen 4 formas de INT:

- Fixed Ratio (FR)
- Variable Ratio (VR)
- Fixed Interval (FI)
- Variable Interval (VI)

卌 Fixed Ratio (FR)

Fixed Ratio, se refuerza después de cierto <u>número de respuestas.</u>

Cada dos bocados de broccoli se le entrega una papa frita como recompensa. (FR2)

El individuo sabe cuándo esperar el refuerzo, por lo que se produce una pausa después del refuerzo.

卌 Variable Ratio (VR)

Variable Ratio, se refuerza después de un <u>número variable de respuestas.</u>

En un <u>promedio</u> de dos bocados de brócoli, se le entrega una papa frita como recompensa. (VR2)

El individuo no puede predecir cuándo recibirá el reforzador, por lo que produce un mayor numero de respuestas.

🕐 Fixed Interval (FI)

FI entrega reforzamiento a la primera respuesta después de cierto <u>tiempo.</u>

Un niño recibe una calcomanía después de 5 minutos de lectura continua y sin interrupción. (FI5)

El individuo sabe cuándo esperar el refuerzo.

🕐 Variable Interval (VI)

VI entrega reforzamiento a la primera respuesta después de un <u>tiempo variable.</u>

Un niño recibe una calcomanía después de períodos variables de lectura continua. A veces, después de 3 minutos de lectura, otras veces después de 5 minutos, y en ocasiones después de 7 minutos.

El individuo no sabe exactamente cuándo recibirá el refuerzo, pero sabe que eventualmente lo obtendrá, por lo que se produce un alto nivel de respuesta.

FR ||||| **Fixed Ratio**

VR ||||| **Variable Ratio**

Se refuerza CANTIDAD de RESPUESTAS.

FI 🕐 **Fixed Interval**

VI 🕐 **Variable Interval**

Se refuerza después de cierto TIEMPO.

SCHEDULE OF REINFORCEMENT		
	Continuous Schedule of Reinforcement	**Intermittent Schedule of Reinforcement.**
Entrega de refuerzo.	Se refuerza cada ocurrencia de la conducta. *(Each occurrence of the behavior is reinforced.)*	El terapeuta entrega el reforzador después de algunas respuestas correctas. *(The therapist delivers the reinforcer after some correct responses.* *NOT IN EVERY ANSWER)*
Etapa de aprendizaje	Etapas de adquisición de habilidades. (Skill Acquisition Stages)	Etapas de mantenimiento (Maintenance stages)
Objetivo	Aprender y fortalecer el comportamiento. (To learn and strengthen the behavior.)	Transferir el comportamiento al entorno natural. Transfer the behavior to the natural environment.

Thinning of Reinforcement / Adelgazamiento del refuerzo

A medida que aumentan las habilidades y comportamientos adaptativos, los programas de refuerzo (Schedule of Reinforcement) deben volverse menos densos. Esto implica gradualmente aumentar el número de respuestas apropiadas requeridas para obtener refuerzo.

El reforzamiento debe pasar de un programa denso (continuo) a uno más delgado (variable), haciéndolo de manera sistemática para evitar la "agotamiento de la razón" (Ratio Strain). Esto podría comenzar con un programa continuo, luego pasar a uno intermitente de razón fija (FR), luego usar intervalo fijo (FI), y finalmente, razón variable (VR), antes de realizar la transición completa al entorno natural. (FR→FI→VR)

Ratio Strain / Agotamiento de la razón

Ratio Strain puede ocurrir si el programa de reforzamiento se adelgaza demasiado rápido y la cantidad de respuestas requeridas para obtener refuerzo es demasiado grande. Esto puede resultar en que el estudiante no obtenga suficiente refuerzo para mantener las respuestas apropiadas.

La progresión desde un programa denso a uno más delgado debe ser guiada por el desempeño del estudiante, asegurando que las respuestas sigan siendo reforzadas de manera adecuada a medida que el programa se vuelve más delgado.

¿Por qué algunas conductas NO se repiten en el futuro?

Punishment has occurred when a response is followed immediately by a stimulus change that decreases the future frequency of that type of behavior. *(Cooper et al.3rd Ed p. 325)*

Se ha producido un **castigo** cuando una respuesta es seguida inmediatamente por un cambio de estímulo que disminuye la frecuencia futura de ese tipo de comportamiento. *(Cooper et al. 3ª Ed p. 325)*

ANTECEDENT	**BEHAVIOR**	**CONSEQUENCE**
Alex encontró un libro muy bonito	Comenzó a arrancar las páginas del libro.	Su mamá lo regañó.

Alex encontró un libro y comenzó a arrancar las páginas. Como consecuencia, su mamá lo reprendió firmemente. Alex dejó de arrancar las páginas del libro y nunca más lo hizo. Su conducta no se repitió en el futuro debido a la reprimenda, por lo que podemos decir que la conducta de arrancar las páginas fue castigada.

POSITIVE PUNISHMENT / CASTIGO POSITIVO / SP+

Positive punishment has occurred when the presentation of a stimulus (or an increase in the intensity of an already present stimulus) immediately following a behavior results in a decrease in the frequency of the behavior. (Cooper et al.3rd Ed p. 350)

Se ha producido un castigo positivo cuando la presentación de un estímulo (o un aumento en la intensidad de un estímulo ya presente) inmediatamente después de una conducta da como resultado una disminución en la frecuencia de la conducta. (Cooper et al.3rd Ed p. 350)

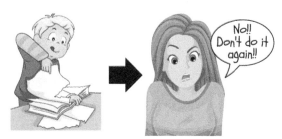

En este ejemplo el regaño de la mamá es un estímulo desagradable que se AGREGA y hace que la conducta de arrancar las páginas del libro disminuya en el futuro.

Como consecuencia de haber pintado las paredes, Robert tuvo que limpiarlas y dejar todo muy ordenado y limpio.

POSITIVE PUNISHMENT
Castigo Positivo

REPRIMANDS
Reprimendas

Expresiones de desaprobación verbal.
¡No!

RESPONSE BLOCKING
Bloqueo de Respuesta

Impedir físicamente una acción no deseada.

CONTINGENT EXERCISE
Ejercicio contingente

Realizar una actividad no deseada debido al comportamiento.

OVERCORRECTION
Sobrecorrección

Corregir y restaurar el entorno después de un comportamiento no deseado.

EN

Negative punishment has occurred when the termination of an already present stimulus (or a decrease in the intensity of an already present stimulus) immediately following a behavior results in a decrease in future occurrences of the behavior. (Cooper et al.3rd Ed p. 350)

ES

*Ha ocurrido un **castigo negativo** cuando la terminación de un estímulo ya presente (o una disminución en la intensidad de un estímulo ya presente) inmediatamente después de un comportamiento da como resultado una disminución en futuras ocurrencias del comportamiento.(Cooper et al.3rd Ed p. 350)*

Samuel estaba jugando a la pelota dentro de la casa y, de repente, rompió un jarrón. Como consecuencia, su madre le <u>quitó</u> el tiempo de televisión como castigo.

Alex llegó tarde a la escuela y como resultado el maestro le quitó el privilegio de participar en la clase. En el futuro, Alex no llegó más tarde.

NEGATIVE PUNISHMENT
Castigo Negativo

RESPONSE COST
Coste de Respuesta

Perdida de una cantidad especifica de refuerzo contingente a la conducta

TIME OUT
Tiempo fuera

PLANNED IGNORING
Ignorar planeado

Ignorar de forma planificada un comportamiento no deseado.

CONTINGENT OBSERVATION
Observación Contingente
Hacer que el individuo observe a otros participando en actividades mientras él se encuentra aislado.

WITHDRAWAL OF A SPECIFIC POSITIVE REINFORCER
Retirada de un reforzador positivo específico

Retirar un reforzador (+) específico después de un comportamiento no deseado.

EXCLUSIONARY TIME-OUT
Tiempo Fuera de Exclusión

Aislar completamente al individuo en un lugar diferente.

Unconditioned Punishers / Castigo Incondicionado

También llamado "Primary punisher" (Castigo primario)

"Unconditioned punishment" se refiere al castigo que no requiere ningún aprendizaje previo para ser efectivo. Es una consecuencia desagradable que naturalmente provoca una disminución en la frecuencia o probabilidad de un comportamiento sin necesidad de previa asociación.

Por ejemplo, el dolor físico o una lesión resultante de un comportamiento pueden ser formas de castigo incondicionado, ya que su efecto negativo es innato y no necesita ser aprendido.

Conditioned Punishers / Castigo Condicionado

También llamado "secondary punisher" (Castigo secundario)

"Castigo condicionado" es cuando un cambio de estímulo ha sido previamente asociado con un estímulo o evento aversivo. Depende de un proceso de aprendizaje previo para ser efectivo como castigo, por ejemplo las multas o regaños han sido previamente asociados a otras castigos en el pasado.

Consideraciones Importantes sobre el Uso del Castigo

El castigo, especialmente el positivo con estímulos aversivos, plantea problemas y consideraciones importantes:

- Puede desencadenar agresión o efectos emocionales negativos en la persona castigada.
- Puede provocar comportamientos de escape o evitación.
- Puede llevar al abuso o uso excesivo del castigo por parte de quien lo aplica.
- La observación del uso del castigo puede incentivar a otros a usarlo.
- El "Time out" no es efectivo cuando se trata de evitar tareas.
- El "Time out" no enseña comportamientos alternativos.
- Puede afectar negativamente el aprendizaje académico durante su uso.
- El uso de castigo debe ser considerado como último recurso y tras agotar opciones de refuerzo positivo.
- Requiere capacitación especializada para aplicar procedimientos basados en castigo.

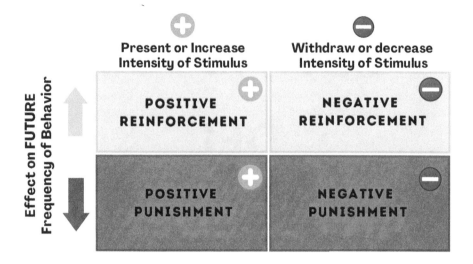

 **¡PUNTOS CLAVE IMPORTANTES! **

Los términos "Negativo" y "Positivo" NO INDICAN la intención o el deseo de cambiar el comportamiento. **Véalo como TÉRMINOS MATEMÁTICOS.**

El término "positivo" (+) solo indica que se presentó, agregó o incrementó un estímulo. El término "negativo" (-) indica que se elimina, reduce o evita un estímulo.

Ambos tipos de Refuerzo (Sr+ / Sr-) tienen como objetivo fortalecer y AUMENTAR la ocurrencia del comportamiento en el futuro, mientras que Ambos tipos de Castigo (Sp+ / Sp-) tienen como objetivo debilitar y DISMINUIR la ocurrencia del comportamiento en el futuro.

ESTÍMULOS DEL ANTECEDENTE

Estímulos que dicen lo que ocurrirá.

-DISCRIMINATIVE STIMULUS (SD)

- STIMULUS DELTA (SΔ)

ANTECEDENT

Sd   SΔ

BEHAVIOR

CONSEQUENCE

Discriminative Stimulus (Sd) & Stimulus Delta (S)
Estímulo Discriminativo (Sd) & Estímulo Delta (S)

Discriminative *stimulus* **(Sd** *, pronounced "ess-dee") is an antecedent stimulus correlated with the availability of reinforcement for a particular response class.*

*Responding in the presence of the Sd produces reinforcement; responding in the absence of the Sd (a condition called **Stimulus Delta ,S** , pronounced "ess-delta") does not. (Cooper et al.3rd Ed p. 258)*

*El **Estímulo Discriminativo (Sd**, pronunciado "ess-dee") es un estímulo antecedente relacionado con la disponibilidad de refuerzo para una clase específica de respuestas.*

*Responder en presencia del SD produce refuerzo, mientras que responder en ausencia del SD (lo que se llama **Estímulo Delta, S** , pronunciado "ess-delta") no lo hace. (Cooper et al.3rd Ed p. 258)*

El comando "sit" actúa como un SD que señala al perro que si se sienta, obtendrá acceso a la comida como refuerzo.

Un cartel en una puerta que dice "cerrado" es un S que señala que no hay un refuerzo disponible.

En palabras más simples:
- SD es una señal que te dice si al hacer una cierta acción recibirás una recompensa.
- S es una señal que indica que hacer esa misma acción no resultará en una recompensa.

Discriminative Stimulus for Punishment (Sdp) / Estímulo Discriminativo de castigo (Sdp)

Un SdP es un estímulo que se asocia con la posibilidad de recibir un castigo contingente; por lo tanto, la respuesta tiene una baja probabilidad de ocurrir en su presencia.

Un niño no roba galletas cuando la abuela está presente. La presencia de la abuela (SdP) significa posible castigo, así que el niño se abstiene.

Stimulus Control / Control del Estímulo

Como podemos observar, las personas tienden a realizar ciertas acciones en presencia de un estímulo discriminativo (SD) y a evitarlas en presencia de estímulos delta (S) o estímulos discriminativos de castigo (Sdp). Cuando un estímulo antecedente influye de manera consistente en nuestras acciones, se dice que ese estímulo tiene control sobre nuestro comportamiento. Este fenómeno se conoce como "Control de Estímulo" o "Stimulus Control". En resumen, el "Stimulus Control" se refiere a la influencia que ciertos estímulos ejercen sobre nuestras conductas.

En este ejemplo el comando "Sit" (Siéntate) ejerce un "control de estímulo" sobre la conducta de sentarse, pues es el estímulo que evoca la conducta deseada (sentarse).

El "Discrimination Training" (Entrenamiento en Discriminación) enseña a una persona a responder de manera específica a ciertos estímulos (Sd) y no responder de la misma manera a otros (S). Esto ayuda a las personas a distinguir entre diferentes situaciones y a dar respuestas apropiadas solo cuando se presenta la señal adecuada, fomentando comportamientos selectivos y adaptativos en la vida cotidiana."

Enseñar al perro a discriminar entre las señales "Sit" y otras palabras.

Distinguir entre cómo saludar a mamá y cómo saludar al maestro o al vecino.

Distinguir entre mi comportamiento en el parque (donde puedo correr, gritar y saltar) y mi comportamiento en el salón de clases (donde debo estar sentado prestando atención a la maestra, ... etc.).

El objetivo de este entrenamiento es enseñar al individuo a responder de manera precisa a señales específicas, lo que es fundamental para el aprendizaje y la ejecución de comportamientos deseados en determinadas situaciones.

EXTINCTION

¿Qué ocurre cuando se deja de reforzar
una conducta?

Extinction / Extinción

La extinción ocurre cuando un comportamiento *deja de ser reforzado*, por lo que tiende a disminuir su frecuencia y eventualmente desaparece por completo.

Extinction as a behavior change tactic occurs when reinforcement of a previously reinforced behavior is discontinued; as a result, the occurrence of that behavior decreases in the future. *(Cooper et al.3rd Ed p. 350)*

Extinción como táctica de cambio de conducta ocurre cuando se interrumpe el refuerzo de una conducta previamente reforzada; como resultado, la ocurrencia de ese comportamiento disminuye en el futuro.*(Cooper et al.3rd Ed p. 350)*

Una niña solía llorar para conseguir golosinas en el supermercado. Su madre solía darle golosinas cuando lloraba. Sin embargo, la madre decidió dejar de darle golosinas cuando lloraba. Con el tiempo, la niña dejó de llorar cuando iban al supermercado, ya que su comportamiento previamente reforzado con golosinas ya no producía resultados. Esto es un ejemplo de extinción del comportamiento.

Una niña solía gritar y llorar para evitar hacer su tarea. Su madre solía retirarle la tarea cuando se comportaba así. Sin embargo, la madre decidió dejar de retirar la tarea cuando la niña mostraba estas conductas.

Con el tiempo, la niña dejó de comportarse de esta manera, ya que su comportamiento previamente reforzado con la retirada de la tarea ya no funcionaba. Esto es un ejemplo de extinción del comportamiento de escape.

Una niña solía llorar y gritar para llamar la atención de su madre. La madre decidió dejar de prestarle atención cada vez que la niña lloraba y gritaba sin una razón válida. Con el tiempo, la niña dejó de usar esta conducta para obtener atención, ya que no funcionaba.

Un niño solía encender y apagar la lámpara repetidamente, lo que resultaba en estimulación visual y táctil. Su padre decidió quitar la bombilla de la lámpara. Con el tiempo, el niño dejó de intentar encender y apagar la lámpara, ya que su comportamiento previamente reforzado con la estimulación sensorial ya no producía refuerzo.

Extinction Burst / Explosión de Extinción

Una "Extinction Burst" es un fenómeno que puede ocurrir en respuesta a la extinción. En respuesta a la falta de refuerzo, la frecuencia, intensidad o duración del comportamiento puede aumentar significativamente antes de disminuir gradualmente. Es como si el comportamiento se intensificara antes de desaparecer debido a la falta de refuerzo.

Resistance to Extinction / Resistencia a la Extinción

"Resistance to Extinction" se refiere a la tendencia de un comportamiento a persistir incluso cuando ya no se proporciona refuerzo. En otras palabras, a pesar de que el refuerzo ha sido eliminado y la conducta ya no se está reforzando, puede tomar tiempo para que el comportamiento se extinga por completo debido a la resistencia que presenta. Los comportamientos con alta resistencia a la extinción pueden continuar manifestándose durante un tiempo antes de disminuir gradualmente.

Spontaneous Recovery / Recuperación Espontánea

"Spontaneous Recovery" es cuando un comportamiento que había sido extinguido reaparece de manera temporal después de un periodo de descanso, incluso sin refuerzo. Eventualmente, el comportamiento tiende a extinguirse nuevamente sin reintroducción del refuerzo.

¿Qué tipo de Schedule of reinforcement es más resistente a la extinción?

Los programas de refuerzo variables, como VR y VI, tienden a ser más resistentes a la extinción en comparación con los programas fijos, como FR y FI. Esto se debe a que en los programas variables, los refuerzos se entregan de manera impredecible, lo que motiva a las personas a continuar con la conducta durante períodos más prolongados antes de que ocurra la extinción.

Diferencia entre "Punishment" y "Extinction"	
Castigo implica la presentación de un estímulo aversivo (positivo) o la eliminación de un estímulo deseado (negativo). Implica una consecuencia desagradable.	En la Extinción se interrumpe el refuerzo. La conducta no encuentra el estímulo que previamente la había reforzado.
Ambos procedimientos buscan la disminución de la conducta.	
El castigo produce una disminución de la conducta.	En extinción es probable que el comportamiento inicialmente aumente en intensidad o frecuencia antes de comenzar a disminuir gradualmente.

Diferencia "Response Blocking" y "Extinction"	
Cuando la conducta objetivo se previene físicamente y no se puede completar, se trata de un **bloqueo de respuesta**.	Cuando la conducta objetivo ocurre y se completa pero no produce refuerzo, se trata de una **extinción**.

DIFFERENTIAL REINFORCEMENT

La combinación perfecta entre extinción y reforzamiento!

Differential Reinforcement es la combinación perfecta entre Reforzamiento y Extinción para modificar conducta. **Implica reforzar una conducta deseada mientras se pone en extinción una indeseada.**

Los procedimientos de Differential Reinforcement más comunes incluyen:

- Differential Reinforcement of Alternative Behavior (DRA)
- Differential Reinforcement of Incompatible Behaviors (DRI)
- Differential Reinforcement of Other Behavior (DRO)
- Differential Reinforcement of High Rates of Behaviors (DRH)
- Differential Reinforcement of low rates of responding (DRL).

DRA reinforces occurrences of a desirable alternative to the problem behavior and withholds reinforcement for the problem behavior. (Cooper et al. 3rd Ed p. 611)

DRA refuerza la aparición de una alternativa deseable a la conducta problemática y retiene el refuerzo de la conducta problemática. (Cooper et al. 3ª edición, pág. 611)

Antes, Alex solía responder las preguntas en clase sin levantar la mano, interrumpiendo a la maestra y a sus compañeros. Ahora, cuando Alex levanta la mano y espera su turno para responder, la maestra lo elogia y le permite participar, reforzando así este comportamiento apropiado. Mientras tanto, la maestra ignora las ocasiones en las que Alex responde sin levantar la mano, poniendo esta conducta en extinción y desalentando gradualmente esa conducta no deseada.

Differential Reinforcement of Incompatible Behavior (DRI)

DRI es un procedimiento que implica reforzar una conducta que es *físicamente incompatible* con la conducta problemática, lo que hace *imposible* que ocurran al mismo tiempo.

*When DRA entails reinforcing a behavior that cannot occur simultaneously with the problem behavior, the procedure is sometimes called **differential reinforcement of incompatible behavior** (**DRI**). (Cooper et al. 3rd Ed p. 611)*

*Cuando el DRA implica reforzar una conducta que no puede ocurrir simultáneamente con la conducta problemática, el procedimiento a veces se denomina **refuerzo diferencial de conducta incompatible** (**DRI**). (Cooper et al. 3ª edición, pág. 611)*

En lugar de hurgarse la nariz, se le enseña al niño a jugar con plastilina, una actividad que no es compatible con el comportamiento de hurgarse la nariz, ya que resulta imposible realizar ambas conductas al mismo tiempo.

En lugar de morderse las uñas, al niño se le proporcionan actividades que involucran el uso de las manos, como una pelota antiestrés para apretar o escribir. Estas actividades son incompatibles con la conducta de morderse las uñas, lo que ayuda a reducir gradualmente esta conducta no deseada.

Differential Reinforcement of Other Behavior (DRO)

DRO implica reforzar la ausencia de la conducta objetivo durante un período de tiempo específico.

DRO delivers reinforcers contingent on the problem behavior <u>not occurring</u> throughout intervals of time (interval DRO) or at specific moments of time (momentary DRO). (Cooper et al.3rd Ed p. 611)

DRO ofrece reforzadores dependiendo de que la conducta problemática <u>no ocurra</u> a lo largo de intervalos de tiempo (DRO de intervalo) o en momentos específicos de tiempo (DRO momentáneo). (Cooper et al. 3ª edición, pág. 611)

Robert es un niño que solía gritar en clase. Su RBT le otorga refuerzo positivo, como elogios y estrellas cada 5 minutos que Robert NO esté gritando.

¡Muy bien Robert! te has ganado otra estrella!

Samuel, es un niño que solía interrumpir en clase, recibe elogios y stickers cada vez que pasa 10 minutos sin interrumpir a otros en la clase de musica. Esto ayuda a reducir su comportamiento de interrupción y fomenta su atención en clase.

Differential Reinforcement of High Rates of Behaviors (DRH)

El Refuerzo Diferencial de Tasas Altas, en español, (DRH) consiste en reforzar la conducta objetivo únicamente cuando ocurre a <u>una tasa superior a un criterio predefinido</u>. El objetivo del DRH es <u>incrementar</u> la frecuencia de una conducta que ya está presente en el repertorio conductual del individuo.

The reinforcement of responses <u>higher</u> than a predetermined criterion is called Differential Reinforcement of High Rates (DRH) (Cooper et al. 3rd Ed p. 310)

El refuerzo de respuestas <u>superiores</u> a un criterio predeterminado se denomina Refuerzo Diferencial de Tasas Altas (DRH). (Cooper et al. 3ª edición, pág. 310)

Si Robert participa en la clase de matemáticas más de 5 veces durante los 45 minutos, se le otorga tiempo adicional en el recreo como refuerzo. Este refuerzo motiva a Robert a aumentar su participación en clase y a involucrarse más activamente en las actividades de aprendizaje.

Differential Reinforcement of Low Rates of Responding (DRL)

El Refuerzo Diferencial de Tasas Bajas, en español, (DRL, por sus siglas en inglés), consiste en reforzar la conducta objetivo únicamente cuando ocurre a <u>una tasa inferior a un criterio predefinido</u>, lo que ayuda a reducir esa conducta. Es un procedimiento que busca <u>disminuir</u>, pero NO eliminar, la conducta problemática.

DRL is used to decrease the rate of a behavior that occurs too frequently, but not to eliminate the behavior entirely. (Cooper et al. 3rd Ed p. 612)

DRL se utiliza para disminuir la tasa de un comportamiento que ocurre con demasiada frecuencia, pero no para eliminar el comportamiento por completo. (Cooper et al. 3ª edición, pág. 611)

Si Johnny hace menos de 5 preguntas durante la clase de matemáticas (un criterio predefinido), recibe elogios y un pequeño premio al final de la clase. Esto fomenta que Johnny haga menos preguntas y no interrumpa tanto la clase.

- El Reforzamiento Diferencial consiste en combinar técnicas de *reforzamiento* y *extinción* para modificar conductas específicas.

- **DRA** y **DRI**: Implican reforzar nuevas conductas alternativas. DRI, una variante de DRA, refuerza una conducta alternativa incompatible con la conducta problema.

- **DRO**: No enseña una nueva conducta, solo refuerza la ausencia de una conducta problemática específica. Sin embargo, el individuo podría involucrarse en otras conductas maladaptativas en lugar de la conducta problema que se intenta reducir.

- **DRH** y **DRL**: Son variaciones de programas de razón que hacen que el refuerzo dependa de respuestas que ocurran por encima o por debajo de tasas de respuesta de criterio. DRH generan tasas de respuesta más altas, mientras que DRL generan tasas de respuesta más bajas.

MEASUREMENT

Las conductas se miden!

CONTINUOUS MEASUREMENT PROCEDURES / PROCEDIMIENTOS DE MEDIDAS CONTINUAS

Los Procedimientos de Medición Continua se emplean para evaluar conductas discretas (discrete behaviors) que poseen un inicio y final claramente definidos. Estos métodos son particularmente adecuados para registrar eventos individuales y cuantificables, así como para medir su duración.

Dentro de las Medidas Continuas se encuentran:
- Frequency /Frecuencia
- Rate / Tasa
- Duration / Duración
- Latency / Latencia
- Inter-response Time (IRT) / Tiempo entre las respuestas.

Frequency /Frecuencia / Count

Frequency / Count se refiere al número de veces que ocurre una conducta. Para medir la frecuencia de un comportamiento, simplemente se cuenta cada vez que ocurre, sin especificar ningún intervalo de tiempo.

Frequency / Count: This is the number of times the behavior occurs. You measure the frequency of a behavior simply by counting each time it happens.

Robert tuvo 5 rabietas durante la clase de hoy. Su RBT simplemente cuenta cada vez que Robert tiene una rabieta.

 Rate /Tasa

El **Rate** es el número de respuestas por unidad de tiempo. La frecuencia dividida por el tiempo del período de observación. La tasa a menudo se informa como respuestas por minuto o por hora.

—(EN)—

Rate is the number of responses per unit of time. The frequency divided by the time of the observation period. Rate is often reported as responses per minute or per hour.

Robert escribe 10 palabras por minuto. Su RBT simplemente cuenta la cantidad de palabras escritas en un minuto.

 Duration /Duración

—(EN)—

Duration refers to the length of time from the beginning to the end of a response. Duration is measured in standard time units, such as hours, minutes, seconds, etc.

—(ES)—

Duration, se refiere al período de tiempo que abarca desde el comienzo hasta el fin de una respuesta. La duración se mide en unidades de tiempo estándar, como horas, minutos, segundos, etc.

Alex estuvo leyendo sin interrupciones durante 25 minutos. Su RBT cronometró el tiempo que pasó desde que comenzó a leer hasta que dejó de leer.

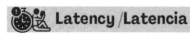
Latency es el tiempo transcurrido desde un estímulo hasta el inicio de la respuesta. Se mide registrando cuánto tiempo le toma a la persona iniciar el comportamiento después de que ocurre un evento en particular (estímulo).

Latency is a measure of the elapsed time between the onset of a stimulus and a subsequent response.(Cooper et al.3rd Ed p. 79)

La latencia es una medida del tiempo transcurrido entre el inicio de un estímulo y una respuesta posterior (Cooper et al.3rd Ed p. 79).

Un niño tarda 20 minutos en empezar a guardar los juguetes después de que se le pide que lo haga. La latencia es de 20 min.

El RBT dijo "toca la manzana" y 4 segundos después, el cliente tocó la manzana. La latencia es de 4 seg.

🏃 Inter-response Time (IRT) / Tiempo entre las respuestas.

IRT es el tiempo entre el final de una conducta objetivo y el inicio de otra instancia de esa misma conducta objetivo. Es el tiempo entre respuestas.

*Inter-response time (**IRT**) is a measure of the amount of time that elapses between two consecutive instances of a behavior. (Cooper et al.3rd Ed p. 80)*

*Inter-response time (**IRT**) es una medida de la cantidad de tiempo que transcurre entre dos instancias consecutivas de un comportamiento. (Cooper et al.3rd Ed p. 80)*

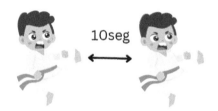

Alex pateó y 10 segundos después volvió a patear.
IRT= 10 seg.

Mientras Alex disfruta de su comida, su RBT registra el tiempo entre cada bocado que Alex toma. En este caso, se registraron 3 IRT, cada uno de 20 segundos.

El promedio de IRT también se puede calcular, en este caso, sería de 20 segundos (20 + 20 + 20 = 60 / 3 = 20).

Derived measures / Medidas Derivadas

Medidas Derivadas:
- Percentage / Porcentaje
- Trials-to-criterion / Prueba de criterio

% Percentage / Porcentaje

El **Percentage** es una medida que muestra la proporción de un comportamiento en relación con un total de oportunidades o respuestas.

Se calcula dividiendo el número de respuestas específicas entre el total de respuestas u oportunidades, luego se multiplica por 100 para obtener el resultado en forma de porcentaje.

Robert identificó correctamente la pelota entre otros objetos en 5 de 10 oportunidades, logrando un 50% de éxito.

1=correct , 0=incorrect									
0	0	0	0	1	0	1	1	1	1

El porcentaje de respuestas correctas sería del 50%: $((5/10) * 100)$.

Trials to Criterion / Pruebas de Criterio

El "**Trials to Criterion**" se refiere al número oportunidades de respuestas (trials) necesarias para alcanzar el "*Mastery Criteria*" (un criterio de rendimiento predefinido).

Samuel logró atarse los zapatos de forma independiente y precisa en 10 intentos, alcanzando el criterio en 10 "trials".

1=correct , 0=incorrect									
0	1	0	1	1	1	1	1	1	1

Time Sampling es un método que verifica si una conducta ocurrió en intervalos de tiempo consecutivos.

El observador divide el tiempo en intervalos más pequeños, observa la conducta en cada intervalo y registra si ocurrió o no.

Al final, se calcula el porcentaje de intervalos donde se observó la conducta (número de intervalos con ocurrencia dividido entre el total de intervalos multiplicado por 100).

Tipos de Time Sampling:
- Whole Interval Recording
- Partial Interval Recording
- Momentary Time Sampling

| | **Whole Interval Recording** | |

Whole Interval Recording, *registra ocurrencia si la conducta ocurrió durante* <u>*todo*</u> *el intervalo de tiempo.*

Para la conducta de Tocar el piano solo se registra ocurrencia (Y) si tocó el piano durante <u>*todo*</u> el intervalo, de lo contrario se marca como no ocurrencia ("N").

Y=Ocurrencia , N=No Ocurrencia,					Duración				
1	2	3	4	5	6	7	8	9	10
Y	N	Y	N	Y	N	N	N	Y	N

```
|IIII|IIII|IIII|IIII|IIII|IIII|IIII|IIII|IIII|IIII|
0    5    10   15   20   25   30   35   40   45   50
```

*Luego: 4/ 10 = 0.4 * 100 = 40. La conducta ocurrió a un 40%*

Este método a menudo se emplea para registrar conductas que se desean aumentar. Sin embargo, tiende a subestimar ("**Underestimate**") la frecuencia real de la conducta.

Partial Interval Recording

Partial Interval Recording registra la ocurrencia si la conducta ocurrió en algún punto del intervalo.

Para la conducta de gritar de Sarah, se registra ocurrencia (Y) si la conducta ocurre en algún punto del intervalo de observación; de lo contrario, se marca no ocurrencia ("N").

Y=Ocurrencia , N=No Ocurrencia,					Duración				
1	2	3	4	5	6	7	8	9	10
Y	Y	Y	Y	Y	N	Y	Y	Y	N

```
|  ||||  |||||  |||||  |||||  |||||  |||||  |||||  |||||  |||||  |||||
0     5     10    15    20    25    30    35    40    45    50
```

*Luego: 8/10 = 0.8 * 100 = 80. La conducta ocurrió a un 80%*

Este método a menudo se emplea para registrar conductas que se desean disminuir. Sin embargo, tiende a sobrestimar ("**overestimate**") la duración de la conducta.

Momentary Time Sampling

Momentary Time Sampling registra ocurrencia si la conducta está ocurriendo en el momento exacto en que finaliza el intervalo.

La RBT marca ocurrencia (Y) solamente si Sarha esta involucrada en la tarea al final del intervalo, de lo contrario marca no ocurrencia.

Y=Ocurrencia , N=No Ocurrencia,					ocurrencia				
1	2	3	4	5	6	7	8	9	10
Y	N	Y	Y	Y	N	Y	N	Y	N

```
|  ||||  |||||  |||||  |||||  |||||  |||||  |||||  |||||  |||||  |||||
0     5     10    15    20    25    30    35    40    45    50
```

*Luego: 6/10 = 0.6 * 100 = 60. La conducta ocurrió a un 60%*

PLACHECK (***planned activity check***)*es una variación del Momentary Time Sampling que se utiliza para grupos. El observador verifica si la conducta está ocurriendo al final de un intervalo predeterminado para un grupo de individuos.*

"**Permanent product**" se refiere a medir las conductas observando los resultados o productos duraderos que esas conductas generan en el entorno. El observador no tiene que estar presente mientras ocurre la conducta, se observan los efectos que la conducta ha producido en el ambiente y se utilizan estos efectos para medir la conducta.

Behavior
(Conducta)

Permanent
Product
(Produto
permanente)

Ejemplo: preguntas del examen respondidas, composiciones, cálculos matemáticos o palabras escritas, hojas de trabajo completadas, tareas o proyectos entregados, habitación limpia o recogida, platos lavados, incontinencias, dibujo de graffiti en la pared, falta de comida en la alacena, basura recogida... etc.

Measuring behavior after it has occurred by observing the effects the behavior produced on the environment is known as measurement by **Permanent Product.** *(Cooper et al.3rd Ed p. 93)*

Medir el comportamiento después de que ha ocurrido observando los efectos que el comportamiento produjo en el medio ambiente se conoce como medición por **Producto Permanente.** *(Cooper et al.3rd Ed p. 80)*

Los gráficos en ABA organizan datos para mostrar la relación entre el tratamiento y las conductas objetivo. Esto ayuda en la toma de decisiones y la comunicación con el equipo.

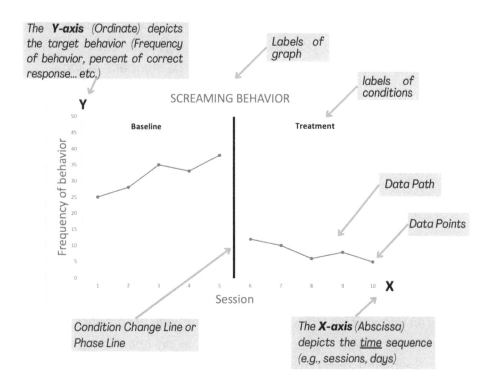

Baseline (Linea de Base): Es el periodo en el que se observa y recopilan datos de una conducta sin aplicar ninguna intervención. Sirve como punto de partida para evaluar la conducta cuando no se esta aplicando el tratamiento conductual.

Independent Variable (Variable Independiente): El tratamiento (intervenciones o ayudas) que influyen en la conducta objetivo.

Dependent Variable (Variable Dependiente): La conducta que está siendo medida y evaluada como resultado de la influencia de la variable independiente.

Propiedades que se observan en Gráficas

- Trend (Tendencia)
- Level (Nivel)
- Variability (Variabilidad)

Trend / Tendencia/ ¿La conducta está aumentando o disminuyendo?

La tendencia en una gráfica se refiere a la dirección en la que se está moviendo la conducta con el tiempo. Nos ayuda a entender si la conducta está aumentando, disminuyendo o se mantiene estable.

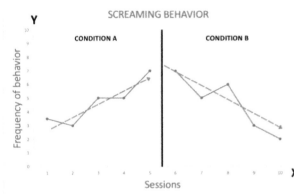

Condición A: Muestra una tendencia a incrementar (Increasing Trend).

Condición B: Muestra una tendencia a disminuir (Decreasing Trend).

Level / Nivel/ ¿En que nivel está la conducta? ¿Alta, moderada o baja?

El nivel en una gráfica indica cuánto ha cambiado el comportamiento y representa el valor alrededor del cual se agrupan los puntos de datos. Se puede categorizar como alto, moderado o bajo (High, Moderate, Low)

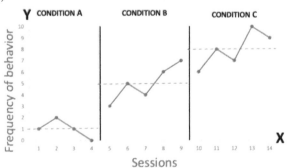

Condición A: Muestra un un nivel bajo. (Low level)

Condición B: Muestra un nivel moderado. (Moderate level)

Condición C: Muestra un nivel alto. (High Level)

El nivel de los datos se puede evaluar observando la media, la mediana y/o el rango en el que se encuentran los datos.

Línea del nivel medio (**Mean Level Line**): *Una línea horizontal trazada a través de los puntos de datos en el eje vertical, que representa el valor promedio o medio de los datos.*

Calcular el Promedio de los puntos de datos.
Sume los puntos de datos y se divide por el número total de puntos. Ej: Condición B: 3+5+4+6+7=25/5=5   Nivel medio = 5

Calcular Línea de nivel medio:
*Se organizan los puntos de datos de menor a mayor, y escoger el numero del medio. Ej: Condición C: 6,7,**8**,9,10   Nivel medio = 8*

Variability / Variabilidad   ¿Cuán estable es el comportamiento?

Se observa variabilidad en una gráfica cuando los datos cambian significativamente de un punto a otro. Alta variabilidad significa cambios frecuentes, baja variabilidad significa un comportamiento más constante.

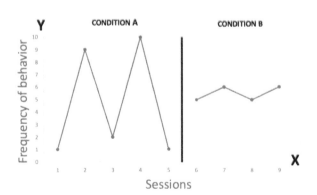

Condición A: Muestra una alta variabilidad de los datos. (VARIABILITY)
Condición B: Muestra unos datos estables (NO VARIABILITY).

TYPES OF GRAPHS USED IN ABA / TIPOS DE GRÁFICAS EN ABA

**LINE GRAPHS * *

Tipo gráfico que se ha estado mostrando anteriormente

Es el tipo de gráfico **más comúnmente utilizado en ABA.** Se usa para representar datos continuos y facilita la visualización de cambios en un período de tiempo específico.

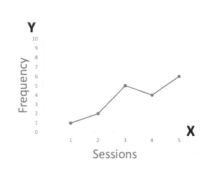

CUMULATIVE GRAPHS

Eje Y = Número total de respuestas
La línea de datos nunca desciende por debajo del punto de datos anterior. Siempre suma (cero o más) al último punto de datos. Una línea de datos plana indica que no hay respuesta.

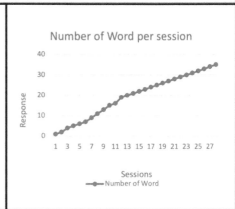

BAR GRAPHS

Se utiliza comúnmente para datos categóricos y proporciona una representación visual más fácil de las comparaciones entre grupos.

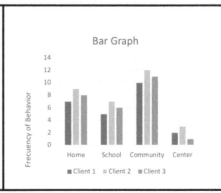

SCATTERPLOTS	
Ayudan a visualizar la relación entre un comportamiento y el tiempo, si existe alguna relación.	

SEMILOGARITHMIC

Geophysical Sciences Department. (s.f.). Graphing Part 2: Common Charts and Graphs. https://www.geol.lsu.edu/jlorenzo/geophysics/graphing/graphingpart2.html

Se utiliza para representar datos que abarcan un rango amplio de valores	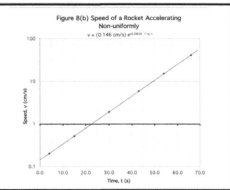

Prepare to collect data. / Prepárese para recolectar datos.

Para llevar a cabo la recopilación de datos en una sesión de ABA, es importante tener en cuenta los siguientes aspectos:

1. Preparar formularios, hojas de registro o gráficos de datos.
2. Repasar los comportamientos específicos que se van a medir.
3. Familiarizarse con los procedimientos de medición a utilizar.
4. Reunir los instrumentos de medición necesarios, como cronómetros o dispositivos de conteo.
5. Tener a mano otros materiales esenciales para registrar los datos, como bolígrafos, lápices, tablillas de apoyo y marcadores.

Estos pasos son esenciales para garantizar una recopilación precisa y efectiva de datos durante la sesión de ABA.

ASESSMENT

¿Cómo conocer a nuestro cliente?
¡Reuniendo mucha información!

Antes de iniciar las sesiones de terapia conductual, se realizan diversas evaluaciones con el objetivo de recopilar toda la información necesaria sobre el cliente. Esto permite diseñar un plan individualizado que aborde las conductas de interés y fomente el desarrollo de las habilidades necesarias.

El **Functional Behavior Assessment** (Evaluación Funcional) es un proceso en el que se investiga y analiza el comportamiento de una persona para comprender por qué ocurre.

Una vez que se comprenden estas causas, es más fácil desarrollar estrategias de intervención efectivas y personalizadas para ayudar a la persona a mejorar su comportamiento y satisfacer sus necesidades de manera más apropiada.

Functional Behavior Assessment (FBA) incluye:

- Indirect Assessment / Evaluación Indirecta.
- Direct Observation (ABC Data)/ Observación Directa.
- Functional Analysis / Análisis Funcional.

Indirect Assessment / Evaluación Indirecta.

En esta etapa, se recopila información a través de entrevistas, cuestionarios o encuestas con personas que conocen al individuo, como padres, maestros o cuidadores. El objetivo es obtener una comprensión de las posibles causas y funciones del comportamiento problemático.

Direct Observation (ABC Data)/ Observación Directa.

Se realiza una observación directa de la conducta problemática en su entorno natural. Se registra lo que ocurre antes (antecedentes), durante (comportamiento) y después (consecuencias) de la conducta. Estos datos ayudan a identificar patrones y desencadenantes del comportamiento.

ANTECEDENT BEHAVIOR CONSEQUENCE

Functional Analysis / Análisis Funcional.

Si las evaluaciones anteriores no proporcionan una imagen clara de por qué ocurre el comportamiento problemático, se realiza un análisis funcional más intensivo. Esto implicar la manipulación controlada de antecedentes y consecuencias para determinar qué función cumple la conducta en la vida del individuo. Los resultados se utilizan para desarrollar un plan de intervención específico.

STIMULUS PREFERENCE ASSESSMENT (SPA)

Un Stimulus Preference Assessment (SPA) (Evaluación de Preferencia de Estímulos) es un proceso fundamental que ayuda a identificar los estímulos que son altamente _preferidos_ por un individuo, los que _pudieran_ utilizarse para reforzar y motivar comportamientos deseados.

Las evaluaciones de preferencia de estímulos se pueden realizar de varias maneras:

- Single Stimulus (SS) - Estímulo Único
- Paired-stimulus (PS) or Forced choice - Estímulo Emparejado
- Multiple Stimulus _without_ Replacement (MSWO) - Múltiples Estímulos sin Reemplazo
- Multiple Stimulus _with_ Replacement (MSW) - Múltiples Estímulos con Reemplazo
- Free Operant Observation (FO) - Operante Libre

Single Stimulus (SS)

- En esta evaluación, el maestro coloca UN SOLO objeto frente al niño y permite que el niño se acerque y interactúe con él.
- Después que el niño deje de jugar con el juguete, el maestro retira el juguete (si corresponde) y presenta otro objeto.
- El niño tiene permitido interactuar con el objeto durante el tiempo que desee. Como alternativa, se puede establecer un límite de tiempo relativamente largo para cada intento, por ejemplo, 5 minutos, y registrar "máx" para ese objeto.
- Se observa y registra cualquier respuesta, interacción o aproximación del individuo con el objeto, así como la duración de su interacción con cada uno.
- Se repite este proceso con varios objetos diferentes hasta que se haya ofrecido cada objeto en el conjunto al niño o hasta que el niño rechace constantemente o no se acerque a ningún objeto.
- Cada vez que el maestro presenta un objeto, se considera un intento o ensayo, llamado en inglés "trial."

Por lo general, se consideran los objetos que el niño se acerca de manera consistente y con los que interactúa durante más tiempo como los objetos de **mayor** preferencia del niño, mientras que se consideran los objetos que el niño no se acerca o a los que responde con comportamientos de evitación o problemas como los objetos de **menor** preferencia del niño.

- En esta evaluación, el maestro presenta DOS objetos (estímulos) en cada intento y le pide al niño que haga una elección.
- Se observa y registra el estímulo seleccionado, y se repiten los intentos hasta que cada objeto haya sido emparejado con todos los demás, es decir, se hayan agotado todas las posibles combinaciones.
- Cada vez que el maestro presenta dos objetos, se considera un intento o ensayo, llamado en inglés "trial" y al conjunto de objetos presentados se le llama "Array".
- Si se están utilizando juguetes, se permite al niño jugar con el juguete durante 15-30 segundos y luego se retira el juguete para presentar el siguiente conjunto. En caso de que el siguiente conjunto incluya el artículo seleccionado más recientemente, se alterna el lado del artículo para detectar posibles sesgos laterales, es decir, seleccionar elementos solo en un lado, conocido esto como "side bias".
- Si el niño es incapaz de completar todos los intentos (por ejemplo, si deja de hacer elecciones o muestra comportamientos problemáticos), la evaluación puede necesitar ser completada en varias sesiones con menos intentos.

Trials	Item Selection.	
1	A	(B)
2	(C.)	A
3	A.	(D)
4	B	(C)
5	D	(B)
6	(C)	D

Item A: _0_ times

Item B: _2_ times   **Alta preferencia:** _____ Item C _____

Item C: _3_ times   **Mediana preferencia:** _Item B . D_____

Item D: _1_ times   **Baja Preferencia:** _____ Item A_____

- La Evaluación de Preferencia MSWO es una herramienta rápida para conocer las preferencias de un niño.
- Adecuada para niños que pueden elegir entre varios objetos.
- Se presentan varios objetos (generalmente 3 o más) al niño y se le pide que elija uno.
- Después de cada elección, el objeto seleccionado se retira y los objetos restantes se reorganizan para evitar sesgos ("side bias" en ingles).
- Cada presentación de objetos se llama "intento" o "ensayo." ("trial" en ingles)
- Se repiten los "trials" hasta que no queden objetos o el niño decida no seleccionar más.
- Los objetos elegidos al principio suelen ser los más preferidos, mientras que los elegidos al final son los menos preferidos.
- Los objetos más preferidos son *posibles* reforzadores, pero no todos los objetos preferidos lo son.

Trials	Item Selection.
1	
2	
3	
4	
5	

Multiple Stimulus With Replacement - MSW

- La Evaluación de Preferencia MSW implica la presentación de un conjunto de objetos frente al niño (3 o mas artículos).
- El niño elige un objeto y se le permite interactuar con él.
- Luego, el objeto seleccionado se vuelve a colocar en el conjunto (llamado "array" en inglés), y los objetos no seleccionados se reemplazan por nuevos.
- Cada presentación del conjunto se llama "intento" o "ensayo" (llamado "trial" en inglés).
- Se repiten los "ensayos" hasta completar un número fijo de intentos (por ejemplo, cada objeto se presenta al menos dos veces) o hasta que el niño decida no seleccionar más objetos.
- Los objetos seleccionados con mayor frecuencia son los de mayor preferencia del niño en el conjunto, mientras que los seleccionados con menor frecuencia son los de menor preferencia.
- Los objetos más preferidos son los más propensos a funcionar como reforzadores, pero no todos los objetos preferidos lo son.
- Se debe rotar las ubicaciones de los objetos seleccionados para detectar sesgos ("side bias" en inglés).
- También se recomienda verificar si el niño es capaz de aceptar que le retiren los objetos preferidos sin desencadenar comportamientos problemáticos, ya que las MSWO son más eficientes en este aspecto.

Trials	Item Selection.		
1	A	(B)	C
2	B	D	(E)
3	(E)	F	G
4	A	E	(D)
5	(D)	C	F
6	(G)	B	D

Item A: _0_ times
Item B: _1_ times
Item C: _0_ times
Item D: _2_ times
Item E: _2_ times
Item F: _0_ times
Item G: _1_ times

Alta preferencia: _____ Item D - E

Mediana preferencia: Item B - G

Baja Preferencia: _____ Item A - C - F

- En el Free Operant Observation, al niño se le permite interactuar libremente en un entorno típico y cotidiano.
- El maestro coloca deliberadamente un número predefinido de objetos al alcance y a la vista del niño.
- Free Operant Observation puede ser naturalista o intencionada.
- El maestro observa al niño durante un tiempo determinado sin interferir registrando la duración del tiempo que pasa con cada articulo.
- Los objetos con los que interactúa durante más tiempo se consideran los objetos de mayor preferencia del niño.
- Los objetos que el niño no se acerca se consideran los de menor preferencia.
- Es importante realizar estas observaciones regularmente, ya que las preferencias pueden cambiar.

Alta preferencia: _cars_
Mediana preferencia: _ball , robot_
Baja Preferencia: _play-doh – crayons_

Item	Duration
Play-Doh	30 s
Ball	1 min
Robot	50 s
Crayons	30 s
Cars	2 mins

- Las Evaluaciones de Preferencia MSWO, MSW y Paired Stimulus pueden ser más precisas en determinar preferencias que las de Free Operant Observation o Single Stimulus.

- Si un niño tiene una conducta problemática cuando se le quita su juguete preferido, se debe utilizar un MSW Preference Assessment para artículos tangibles (es decir, juguetes).

- Si un niño puede elegir elementos de alta preferencia en lugar de elementos de baja preferencia, pero no puede escanear más de dos elementos en una superficie, se debe utilizar un Paired Stimulus Preference Assessment.

- Si un niño no puede elegir elementos de alta preferencia en lugar de elementos de baja preferencia, o demuestra un sesgo lateral (es decir, selecciona elementos solo de un lado), se debe utilizar un Single Stimulus Preference Assessment o una Free Operant Observation.

- Free Operant Observation también pueden servir como una evaluación preliminar antes de realizar otras evaluaciones más específicas.

REINFORCER ASSESSMENT

Reinforcer assessment (Evaluación de Reforzadores) es un proceso que se utiliza para identificar los estímulos específicos que funcionan como reforzadores eficaces para un individuo. Esta evaluación incluye:

- *Selección de Posibles Reforzadores:* Elegir una variedad de estímulos de preferencias.
- *Presentación de Posibles Reforzadores:* Ofrecer estos posibles reforzadores durante las sesiones cuando se realiza un comportamiento deseado.
- *Registro de Respuestas:* Registrar las respuestas del individuo ante cada refuerzo presentado.
- *Análisis de Resultados:* Evaluar los datos recopilados para identificar los reforzadores más efectivos.
- *Uso de Reforzadores Efectivos:* Implementar sistemáticamente los reforzadores identificados como efectivos para fortalecer el comportamiento deseado.

EL PAPEL DEL RBT DURANTE LAS EVALUACIONES

El analista de conducta es el principal responsable de llevar a cabo las evaluaciones, aunque el RBT desempeña un papel esencial en la implementación de las mismas.

Las responsabilidades que un RBT puede asumir en varios tipos de evaluaciones son diversas e incluyen las siguientes actividades:

- Preparación y organización de los estímulos a evaluar.
- Asistencia en la aplicación de manipulaciones de antecedentes y consecuencias bajo la supervisión del analista de conducta.
- Recopilación y registro de datos del cliente durante las pruebas, como frecuencia, duración o datos ABC, así como la obtención de información indirecta o de línea de base.
- Contribución al análisis de datos, como el cálculo de porcentajes de preferencia.
- Comunicación de cualquier cambio en las preferencias del cliente al equipo.

Es importante destacar que el RBT trabaja bajo la supervisión y dirección del analista de conducta certificado o de un supervisor designado.

SKILL ACQUISITION

También enseñamos habilidades necesarias.
¿Cómo? ¡A través de múltiples procedimientos y
métodos de enseñanza!

PROMPTS / AYUDAS

Estímulos temporales de ayuda.

Los "prompts" son estímulos temporales que se presentan antes o durante una respuesta, con el objetivo de inducir la respuesta correcta para luego reforzarla. Esto aumenta la probabilidad de que dicha respuesta se repita en el futuro.

Prompts *are stimuli given before or during the performance of a behavior: They help behavior occur so that the teacher can provide reinforcement". (Cooper et al.3rd Ed p. 312)*

"Las ayudas son estímulos proporcionados antes o durante la ejecución de una conducta: Ayudan a que la conducta ocurra para que el profesor pueda proporcionar refuerzo"

(Cooper et al.3rd Ed p. 312)

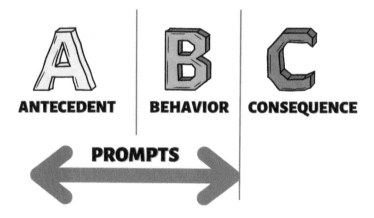

Podemos ofrecer ayuda tanto a la respuesta ("Response prompts") como al estímulo ("Stimulus prompts") según sea necesario. Ambos tipos de prompts son valiosos, ya que facilitan la generación de una respuesta correcta, permitiendo que esta sea reforzada. A continuación, se describen ambos en detalle.

STIMULUS PROMPTS / AYUDA AL ESTÍMULO

Los Stimulus prompts en ABA actúan directamente sobre el estímulo antecedente. Es esencialmente un estimulo agregado que hace que el SD sea más destacado, màs llamativo.

Movement /Movimiento

Los estímulos de movimiento, también conocidos como estímulos gestuales, incluyen señalar, tocar, tocar o mirar el estímulo correcto.

Sd: "Touch the apple" (Toca la manzana)
Prompt: The RBT points to the apple.
(El RBT señala la manzana)

Response: The client touches the apple. (El cliente toca la manzana)
Reinforcer: "Good job! Awesome!" (¡Buen trabajo! ¡Excelente!)

Positional /Posición

Los estímulos posicionales implican mover el estímulo correcto a una posición que evoque una respuesta correcta. Esto puede ser mover el estímulo más cerca o más lejos del aprendiz.

Sd: "Touch the Apple" (Toca la manzana)
Prompt: The RBT places the apple closest to the child. (El RBT coloca la manzana más cerca del niño.)
Response: The client touches the apple. (El cliente toca la manzana.)
Reinforcer: "Good job! Awesome!" (¡Buen trabajo! ¡Increíble!)

**
Sd/Estímulo discriminativo ‖ Prompt/Ayuda ‖ Response/Respuesta ‖ Reinforcer /Refuerzo

Redundancy/Redundancia

Se emparejan características del estímulo con la opción correcta. Se resaltan las características físicas del estimulo para hacerlo mas llamativo, esto puede ser cambiando el tamaño, la forma o el color del estímulo correcto.

Sd : "Touch the Apple" (Toca la manzana)
Prompt: The RBT places a large apple that stands out among the other stimuli. (El RBT coloca una manzana grande que se destaca entre los demás estímulos.)
Response: The client touches the apple. (El cliente toca la manzana.)
Reinforcer: "Great job! Excellent!" (¡Excelente trabajo! ¡Muy bien hecho!)

**

Sd/Estímulo discriminativo ‖ Prompt/Ayuda ‖ Response/Respuesta ‖ Reinforcer /Refuerzo

RESPONSE PROMPTS / AYUDA A LA RESPUESTA

Los "Response prompts" ayudan a realizar una acción específica, es decir, actúan directamente sobre la respuesta misma, no sobre el estímulo antecedente.
Las tres formas principales de ayuda a la respuesta son:

- Physical Prompt (Ayuda Física),
- Verbal Prompt (Ayuda Verbal)
- Modeling (Modelado).

De estas principales se derivan otras que se describen a continuación.

Physical Prompt / Ayuda Física

Implican el uso de contacto físico para ayudar al individuo a realizar una conducta. Esta puede ser parcial o total:

- Partial Physical Prompt (Ayuda física parcial)
- Full Physical Prompt (Ayuda física total).

Ej. La RBT coloca sus manos sobre las manos de la niña y guía los movimientos para que la niña haga un trazo. (Full Physical Prompt)

Full Physical Prompt / Ayuda Física total

Se colocan las manos sobre las manos del niño y se guía completamente sus movimientos para realizar una respuesta. Es el tipo de ayuda más invasiva y menos independiente.

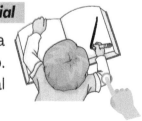

Ej. La RBT coloca sus manos sobre las manos del niño y guía todos los movimientos necesarios para que el niño se lave las manos.

Partial Physical Prompt / Ayuda Física Parcial

Se proporciona contacto físico mínimo para guiar parcialmente los movimientos del niño. Es menos invasiva que la "full physical prompt".

Ej. La RBT proporcionar una guía física mínima tocando el codo del niño para iniciar el movimiento, pero la mayor parte del movimiento es dirigida por el estudiante. .

Modeling / Modelado

Se demuestra o modela la respuesta correcta para que el individuo pueda imitarlo. El modelado debe utilizarse sólo con alumnos que ya hayan desarrollado habilidades de imitación.

Ej. La mamá cepilla sus dientes y el niño la imita.

Gestural / Gestual

Gesto o movimiento que muestra al alumno qué hacer. Esto podría ser señalar, asentir, hacer contacto visual o mirar un área o elemento específico.

Ej. La mamá hace un gesto para indicarle al hijo donde colocar los juguetes.

Verbal prompt / Ayuda verbal

"Verbal prompt" son palabras, instrucciones o preguntas que dirigen a un aprendiz a realizar una respuesta específica.

Verbal prompt también pueden incluir instrucciones verbales no vocales, como palabras escritas, señales manuales, imágenes o listas de verificación.

Visual prompt / Ayuda Visual

Un estímulo visual es una imagen o señal que el estudiante ve y que indica la respuesta correcta. Puede ser una imagen, foto, video, dibujo o tarjeta con la respuesta correcta.

PROMPT HIERARCHY / JERARQUÍA DE AYUDAS

La pirámide ilustrada organiza los distintos tipos de "prompt" por su grado de intrusión, con las más invasivas en la base, ascendiendo hacia las menos invasivas en la cúspide. Se observa una tendencia hacia una menor promoción de la independencia a medida que los "prompt" se intensifican y se desciende en la pirámide.

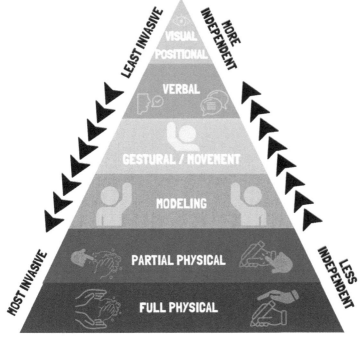

STIMULUS CONTROL TRANSFER - FADING PROMPTS

Una vez que los "prompts" tienen control sobre la respuesta, es necesario transferirlo al estímulo natural (Sd). Esto es lo que se conoce como "Stimulus Control Transfer" (Transferencia de Control del Estímulo) y se logra desvaneciendo los estímulos de ayuda (Fading Prompts) utilizando los siguientes procedimientos:

FADING - RESPONSE PROMPTS

MOST INVASIVE

LEAST INVASIVE

Most-to-Least Prompting / De más a Menos

Se inicia con una ayuda más invasiva (ej. physical prompt) y se reduce gradualmente el prompt a medida que el aprendiz adquiere habilidad. Esto se usa cuando un aprendiz necesita mucha ayuda para aprender una nueva habilidad.

LEAST INVASIVE

MOST INVASIVE

Least-to-Most Prompting / De menos a más

Comenzar con la menor cantidad de ayuda posible (ej. verbal prompt) y aumentarla según sea necesario. Se usa cuando un aprendiz no necesita mucha asistencia para aprender una habilidad.

Graduated Guidance / Ayuda graduada

Proporciona una guía física según sea necesario, utilizando una guía graduada e inmediatamente se comenzará a desvanecer las ayudas físicas para transferir el control de estímulos.

SD: "Toca tus orejas". Al oír la instrucción, el RBT guía delicadamente las manos de la niña hacia sus orejas y retira su apoyo justo cuando ella inicia el movimiento, permitiendo que termine la acción de forma independiente.

Prompt Delay / Ayuda demorada

Introducción de un breve retraso (tiempo) entre la presentación del estímulo y el prompt, permitiendo al aprendiz la oportunidad de responder de manera independiente. Es una técnica de "errorless learning" (aprendizaje sin errores) porque los estudiantes a menudo cometen pocos o ningún error durante el aprendizaje.

SD: "Lava tus manos". La RBT, hace una pausa después de la instrucción, permitiendo que el niño inicie la habilidad por sí mismo antes de ofrecer ayuda.

FADING - STIMULUS PROMPTS

Stimulus Fading

Disminución gradual de la prominencia del estímulo de ayuda

Stimulus Shape Transformation

Cambio en la forma o características del estímulo de ayuda para hacerlo menos prominente.

Estos procedimientos para desvanecer las ayudas ("fading") se utilizan estratégicamente para promover la independencia y generalización de las habilidades adquiridas a situaciones del mundo real, donde no se requiere ningún tipo de ayuda o prompt y evitar la dependencia de las ayudas.

¿Cómo Enseñamos ABA?

La enseñanza es una herramienta fundamental para desbloquear el potencial de cada individuo. En ABA, existen varios métodos y estrategias de enseñanza, aunque se destacan principalmente dos: Discrete Trial Training (DTT) y Naturalistic Environment Training (NET), junto con su variante más conocida, el Aprendizaje Incidental (Incidental Teaching).

DISCRETE TRIAL TRAINING (DTT)

Discrete Trial Training (DTT), o Entrenamiento por Ensayos Discretos en español, fue desarrollado por Ivar Lovaas y es uno de los varios tipos de estrategias de enseñanza utilizados en ABA.

DTT es una técnica ABA altamente estructurada que descompone las habilidades en componentes pequeños y "discretos". De manera sistemática, el instructor presenta una oportunidad para una respuesta correcta que será reforzada, siguiendo una estructura específica:

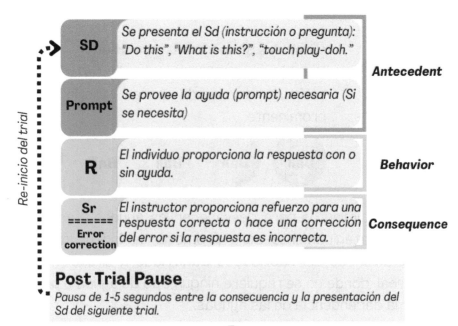

Re-inicio del trial

SD — Se presenta el Sd (instrucción o pregunta): "Do this", "What is this?", "touch play-doh." — *Antecedent*

Prompt — Se provee la ayuda (prompt) necesaria (Si se necesita)

R — El individuo proporciona la respuesta con o sin ayuda. — *Behavior*

Sr ======= **Error correction** — El instructor proporciona refuerzo para una respuesta correcta o hace una corrección del error si la respuesta es incorrecta. — *Consequence*

Post Trial Pause
Pausa de 1-5 segundos entre la consecuencia y la presentación del Sd del siguiente trial.

Cada ensayo discreto ("trial") es un ciclo único de instrucción que puede repetirse varias veces hasta que se domine una habilidad. DTT se utiliza normalmente para enseñar nuevas habilidades, como habilidades lingüísticas, sociales y académicas.

Instructor SD: "Select the apple."

Learner response: Client selects the apple.

Reinforcement:
"Very good, that is the apple!"

Error Correction / Corrección de Error

"*Error Correction*" es un componente crítico del proceso de enseñanza. Se refiere a las acciones que un instructor toma cuando un aprendiz responde incorrectamente o no responde a una instrucción durante un ensayo. El objetivo de la corrección de error es guiar al aprendiz hacia la respuesta correcta y asegurar que aprenda la habilidad o concepto adecuadamente.

Instructor SD: "Point to the bananas."

Learner response: Learner points to the orange.

Error Correction: The instructor points to the bananas and says, "This is the banana."

Tras la corrección, se repite el ensayo permitiendo al aprendiz responder correctamente y propiciar el aprendizaje. Se brinda niveles de ayuda si es necesario.

Aquí hay algunos aspectos clave de la corrección de error en DTT:

- **Inmediata**: La corrección de error ocurre inmediatamente después de una respuesta incorrecta o de la falta de respuesta, para que el aprendiz pueda asociar claramente la corrección con la acción específica.

- **Consistente**: Se aplica de manera consistente cada vez que ocurre el error, para propiciar el aprendizaje.

- **Instrucción y Modelado**: Puede incluir repetir la instrucción, proporcionar una pista o ayuda adicional, o modelar la respuesta correcta.

- **No Punitiva:** La corrección de error no es punitiva. Se presenta de manera neutral y enfocada en el aprendizaje.

- **Repetición del Ensayo**: Después de la corrección, se suele repetir el ensayo para dar al aprendiz otra oportunidad de responder correctamente.

La corrección de error es una herramienta vital en DTT para asegurar que los aprendices no solo reciban refuerzo por las respuestas correctas, sino que también reciban orientación y apoyo para entender y aprender de sus errores.

Estrategias utilizadas en DTT

En DTT, se emplean estrategias específicas diseñadas para abordar distintos aspectos del proceso de enseñanza y aprendizaje, adaptándose a las necesidades y habilidades del aprendiz. Estas incluyen:

- **Mass Trial** (**MT**) enfatiza la repetición de un solo objetivo para consolidar una habilidad específica.

- **Distractor Trial** (**DT**) introduce estímulos distractores, enseñando al aprendiz a diferenciar entre el objetivo y otros elementos.

- **Expanded Trial** (**ET**) gradualmente incrementa la variabilidad en la presentación de los estímulos para facilitar la generalización a distintos contextos.

- **Random Rotation** (**RR**) mezcla estímulos o tareas aprendidas de manera aleatoria, asegurando que el aprendiz pueda discriminar y responder adecuadamente bajo diversas circunstancias.

Estas estrategias son esenciales en el desarrollo de habilidades complejas, proporcionando a los instructores herramientas flexibles para personalizar las sesiones de enseñanza y mejorar la eficacia del aprendizaje en el marco del DTT.

Mass Trial (MT)

Trials	SD
1	"Toca la banana"
2	"Toca la banana"
3	"Toca la banana"
4	"Toca la banana"
5	"Toca la banana"

Presentación de un SD único, o sea, se le pregunta por el objetivo varias veces de manera repetitiva. Se utilizan normalmente para enseñar a niños muy pequeños, o niños con bajo funcionamiento.

Distractor Trial (DT)

Trials	SD
1	"Toca la banana"
2	"Toca la banana"
3	"Toca la banana"
4	"Toca la banana"
5	"Toca la banana"

El mismo SD se presenta repetidamente en presencia de otros estímulos conocidos o desconocidos (estímulos distractores).

Objetivo: Banana

Random Rotation (RR)

Trials	SD
1	"Toca la banana"
2	"Toca el carro"
3	"Toca la pelota"
4	"Toca la banana"

Se presenta el SD aleatoriamente dentro de un conjunto de elementos dominados.

Objetivo: Banana
Estímulos dominados: pelota, carro

Expanded Trial (ET)

Trials	SD
1	**"Toca la banana"**
2	"Toca el carro"
3	**"Toca la banana"**
4	"Toca la pelota"
5	"Toca el teddy"
6	**"Toca la banana"**
7	"Toca la pelota"
8	"Toca la carro"
9	"Toca la teddy"
10	**"Toca la banana"**

La presentación de los SD con elementos conocidos aumentan sistemáticamente.

Objetivo: Banana
Estímulos dominados: pelota, carro, teddy

NATURAL ENVIRONMENT TRAINING & INCIDENTAL TEACHING

El Natural Environment Training (NET) e Incidental teaching son otros dos métodos de enseñanza poderosos en ABA que, a diferencia del Discrete Trial Training (DTT), no siguen una estructura específica.

Ambos métodos aprovechan el entorno diario y los intereses del niño para promover el aprendizaje de forma natural. Se practican en lugares como el hogar, la escuela o la comunidad, utilizando las actividades cotidianas como oportunidades de aprendizaje.

NET e Incidental teaching son términos que frecuentemente se intercambian debido a su naturaleza y objetivos similares, sin embargo, existen sutiles diferencias.

En NET, la terapeuta puede crear o manipular oportunidades de aprendizaje acordes con las preferencias del niño. En cambio, el Incidental Teaching es más flexible y ocurre cuando el niño muestra interés espontáneo en algo, y el terapeuta usa ese interés como un momento de enseñanza.

Ambos métodos son muy efectivos y logran que las terapias de ABA sean más amenas y entretenidas para el individuo, fomentando un aprendizaje dinámico y significativo para el niño.

Ejemplo de NET:

La RBT, sabe que a Carlos le encantan las pelotas, por lo que prepara un juego de atrapar durante su sesión. Ella inicia, "Carlos, ¿quieres jugar con tu pelota favorita?". Cuando él asiente con entusiasmo, ella le lanza la pelota y lo anima a atraparla. Al hacerlo con éxito, ella aprovecha para elogiar su acción, diciendo: "¡Muy bien, Carlos! Atrapaste la pelota con las manos", reforzando así su habilidad motora y de atención.

Ejemplo de Incidental Teaching:

Mientras Lucas colorea, su RBT se acerca y le pregunta, "Lucas, ¿te gusta el color verde?". Lucas dice "Sí". La terapeuta responde, "El verde es el color de las hojas. ¿cómo coloreas una hoja verde?". Cuando Lucas lo hace, ella aprovecha para reforzar su elección y su habla espontánea, diciendo: "¡Excelente, Lucas! Estás usando el verde para hacer una hermosa hoja".

Esta interacción espontánea se convierte en una valiosa oportunidad de enseñanza incidental para ampliar su vocabulario y reconocimiento de colores.

Tres Pasos para el Aprendizaje en el Entorno Natural

El siguiente gráfico ilustra tres pasos fundamentales tanto para NET como para Incidental Teaching:

¡Estar Atento!	Solicitar...	Reforzar...
Estar atentos a lo que el estudiante quiere o necesita en su entorno natural.	Requerir una respuesta o acción al estudiante que esté relacionada con su interés.	Reforzar la respuesta dada para aumentar la probabilidad de ocurrencia en el futuro.

En NET, el terapeuta podría usar esta secuencia de manera más planificada, mientras que en Incidental Teaching, estos pasos se seguirían de manera más espontánea y en respuesta a las iniciativas del estudiante.

TASK ANALYSIS / ANALISIS DE TAREA

El "Análisis de Tareas" es un proceso en ABA que divide habilidades complejas en pasos más pequeños para facilitar la enseñanza. Identifica y lista los pasos necesarios para realizar una habilidad, permitiendo una enseñanza gradual y efectiva de cada paso antes de combinarlos para dominar la habilidad completa. Es útil para enseñar diversas habilidades en situaciones de la vida diaria, académicas y sociales.

Ejemplo: "Task Analysis"
Tarea: Lavado de Manos

1. Abrir el grifo.
2. Mojarse las Manos.
3. Tomar una cantidad adecuada de jabón en las manos mojadas.
4. Frotar las manos durante 20 segundos cubriendo todas las áreas.
5. Enjuagar las manos bajo el agua corriente para eliminar el jabón.
6. Cerrar el grifo.
7. Secar las manos con una toalla.
8. Tirar la toalla de papel en la basura (Si se usa una toalla de papel).

Este análisis de tareas desglosa el proceso de lavado de manos en pasos simples y secuenciales, lo que facilita la enseñanza y el seguimiento del progreso de alguien que está aprendiendo esta habilidad.

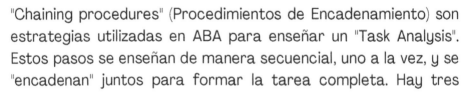
"Chaining procedures" (Procedimientos de Encadenamiento) son estrategias utilizadas en ABA para enseñar un "Task Analysis". Estos pasos se enseñan de manera secuencial, uno a la vez, y se "encadenan" juntos para formar la tarea completa. Hay tres tipos principales de procedimientos de encadenamiento:

- Forward Chaining (Encadenamiento hacia adelante)
- Backward Chaining (Encadenamiento hacia atrás)
- Total Task Presentation (Presentación de Tarea Completa)

Forward Chaining / Encadenamiento hacia adelante

En el Forward Chaining, se inicia enseñando únicamente el primer paso de la tarea. Una vez que este primer paso esté dominado, se procede a enseñar el segundo paso. En cada paso se le brinda refuerzo al completarse satisfactoriamente. Este proceso se repite para cada paso subsiguiente en la secuencia hasta que se haya completado toda la cadena.

Ejemplo:

Para enseñar a un niño a armar un rompecabezas de cuatro piezas, la RBT comienza enseñando el primer paso de la secuencia y avanza secuencialmente hasta el último proporcionando refuerzo positivo.

La secuencia de enseñanza sería la siguiente:

1. Colocar la Primera Pieza: La RBT enseña al niño a identificar y colocar correctamente la primera pieza del rompecabezas en su lugar.

2. Colocar la Segunda Pieza: Una vez que el niño ha dominado el primer paso, se le introduce el paso de agregar la segunda pieza al rompecabezas.

3. Colocar la Tercera Pieza: Una vez que el niño ha dominado el paso 1 y 2, se enseña al niño a identificar y posicionar la tercera pieza correctamente.

4. Colocar la Cuarta Pieza: Finalmente, después de que el niño domine los tres primeros pasos con éxito, se le instruye para añadir la cuarta y última pieza, completando así el rompecabezas.

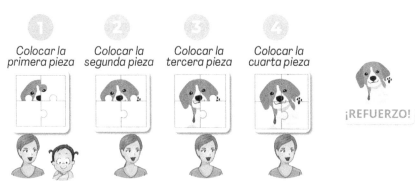

Colocar la primera pieza · Colocar la segunda pieza · Colocar la tercera pieza · Colocar la cuarta pieza

¡REFUERZO!

La RBT enseña el primer paso de la cadena y realiza los pasos restantes.

¡REFUERZO!

Una vez que la niña domina el primer paso, la RBT enseña el siguiente y completa los demás.

¡REFUERZO!

Una vez que la niña domina el segundo paso, la RBT enseña el tercero y completa los demás.

¡REFUERZO!

Al dominar el tercer paso, la RBT enseña el cuarto, continuando hasta que la niña realice toda la secuencia de forma independiente.

Backward Chaining / Encadenamiento hacia atrás

En el Backward Chaining, se comienza enseñando el último paso de una tarea. Cuando el individuo lo completa exitosamente, recibe refuerzo. Una vez que ha dominado ese paso, se procede a enseñar el paso anterior, siguiendo el mismo proceso de refuerzo cuando se completa de manera adecuada. Este proceso continúa retrocediendo paso a paso hasta que la persona sea capaz de realizar toda la tarea de manera independiente.

Ejemplo:
Para enseñar a un niño a preparar un sándwich de queso mediante encadenamiento hacia atrás, la RBT comienza con el resultado final, permitiendo que el niño complete el último paso de la tarea, y progresivamente introduce los pasos anteriores.

La secuencia de aprendizaje se despliega así:

1. Servir y Comer el Sándwich: El primer paso que enseña la RBT es el acto final de la tarea, donde el niño sirve el sandwich en un plato y disfruta del sándwich completado.

2. Colocar la Segunda Rebanada de Pan: Una vez dominado el primer paso, el niño aprende a añadir la rebanada superior del pan.

3. Agregar el Queso a una Rebanada de Pan: El siguiente paso es enseñar al niño a poner queso sobre la rebanada de pan ya en el plato.

4. Preparar Ingredientes: El último paso introducido es el primero de la tarea: seleccionar y sacar los ingredientes necesarios para el sándwich.

Cada paso se enseña solo después de que el niño haya demostrado competencia en el anterior, culminando en la habilidad completa de preparar el sándwich de forma independiente.

1 Preparar Ingredientes

2 Agregar el queso a una rebanada de pan

3 Colocar la segunda rebanada de pan.

4 Servir el sándwich en el plato y comerlo.

¡Refuerzo!

Cuando el cliente haya dominado el criterio de dominio de este paso, la RBT comienza a enseñar el paso anterior:

¡Refuerzo!

Cuando el cliente haya dominado el criterio de dominio de este paso, la RBT comienza a enseñar el paso anterior:

¡Refuerzo!

Cuando el cliente haya dominado el criterio de dominio de este paso, la RBT comienza a enseñar el paso anterior:

¡Refuerzo!

Por último la RBT comienza a enseñar el primer paso, hasta que el cliente cumpla el criterio de dominio y pueda hacer todos los pasos de forma independiente.

Total Task Presentation / Presentación de Tarea Completa

En la Total Task Presentation, se presenta toda la tarea de una vez y se brinda niveles de ayuda (prompts) al individuo en los pasos donde la necesita para completarla. Se proporciona refuerzo por cada paso completado y se repite el conjunto de pasos hasta que el individuo pueda realizar la tarea de manera independiente.

Ejemplo:

Para enseñar a un niño a lavarse las manos, la RBT trabajaría con el niño en cada paso del proceso durante cada sesión de enseñanza, practicando la secuencia _completa_ de principio a fin hasta que se logre la independencia en la tarea.

La secuencia de enseñanza para el Total Task Chaining sería la siguiente:

1. Abrir la Llave y Mojar las Manos: El niño comienza abrir la llave y mojar ambas manos, iniciando el proceso de lavado de manos, la RBT proporciona niveles de ayuda si lo necesita.

2. Echar Jabón: El niño aplica jabón suficiente para cubrir todas las áreas de las manos, la RBT proporciona niveles de ayuda si lo necesita.

3. Restregar las Manos: El niño restrega sus manos, asegurándose de cubrir el dorso de las manos, entre los dedos y debajo de las uñas, la RBT proporciona niveles de ayuda si lo necesita.

4. Enjuagar: El niño enjuaga todas las áreas de las manos, quitando completamente el jabón bajo el agua corriente, la RBT proporciona niveles de ayuda si lo necesita.

5. Secar Manos: Por último, el niño se seca las manos completamente con una toalla limpia o un secador de manos, la RBT proporciona niveles de ayuda si lo necesita.

El niño practica toda la tarea en cada sesión, recibiendo asistencia y refuerzo según sea necesario, hasta que pueda lavarse las manos de forma independiente, siguiendo todos los pasos en orden cada vez.

RBT proporciona
Verbal Prompt

Algunas consideraciones en el uso de Chaining

- El **Forward Chaining** resulta útil para niños pequeños o individuos con limitaciones cognitivas, facilitando el aprendizaje al concentrarse en una sola parte de la tarea a la vez.

- El **Backward Chaining** es eficaz para aprendices que tienen dificultades para mantener la atención en tareas largas o complicadas, ofreciendo acceso rápido al refuerzo.

- El **Total Task Chaining** es ideal para personas que son capaces de intentar todos los pasos de una tarea en cada sesión, incluso si inicialmente requieren asistencia en algunos pasos.

SHAPING / MOLDEAMIENTO

El "shaping", o moldeamiento en español, es una técnica utilizada en ABA para desarrollar comportamientos nuevos y complejos, como el aprendizaje de nuevas palabras, la habilidad para caminar o la aceptación de nuevos alimentos. Consiste en reforzar cada NUEVA APROXIMACIÓN a la conducta deseada, de modo que las aproximaciones previamente reforzadas ya no reciben refuerzo una vez que se alcanza un nivel más cercano a la conducta objetivo, es decir se ponen en extinción.

*In short, **shaping** is defined as the differential reinforcement of successive approximations toward a terminal behavior.*

(Cooper et al. 3rd Ed p. 541)

*En resumen, el "**shaping**" se define como el refuerzo diferencial de aproximaciones sucesivas hacia un comportamiento terminal.*

(Cooper et al. 3rd Ed p. 541)

Ejemplo:
Cuando un bebé o un niño pequeño aprende a caminar, se les refuerza por gatear, después por ponerse de pie, más tarde por dar un paso, luego por dar unos cuantos pasos y, finalmente, por caminar independientemente. El refuerzo suele ser en forma de abundantes elogios y atención por parte de los padres.

Una vez que el niño ha logrado una nueva aproximación a la conducta de caminar, la acción previamente reforzada ya no se refuerza más, es decir, se pone en extinción. Por ejemplo, cuando el niño ya es capaz de dar algunos pasos, el gateo deja de reforzarse, y así sucesivamente con los demás pasos.

Cada nueva aproximación se refuerza, mientras que las aproximaciones previamente reforzadas se dejan de reforzar (se extinguen).

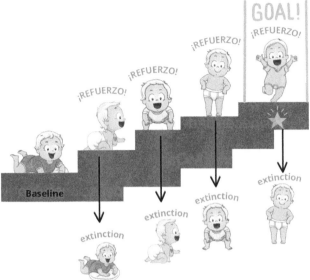

En el intento por lograr la conducta deseada, el instructor puede aplicar diferentes procedimientos de ayuda. (Ej. Response Prompts o Stimulus prompt)

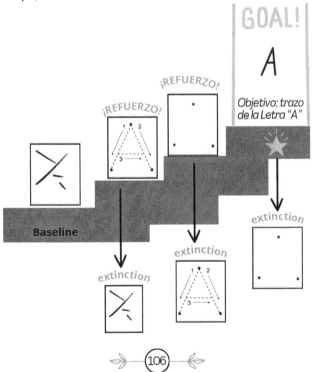

ANTECEDENT INTERVENTION / INTERVENCIÓN ANTECEDENTE

"Antecedent Interventions", en español Intervenciones de Antecedentes, son estrategias diseñadas para modificar los estímulos que ocurren antes de un comportamiento para aumentar la probabilidad de que ocurra el comportamiento deseado y reducir la probabilidad de comportamientos problemáticos. La intervención específica dependerá de la persona y de sus necesidades y circunstancias únicas.

Motivating Operations (MOs)

Las "Motivating Operations" (MO), Operaciones Motivadoras en español, son condiciones o eventos antecedentes que alteran el valor de un estímulo como reforzador y, por lo tanto, afectan la probabilidad de que un comportamiento ocurra.

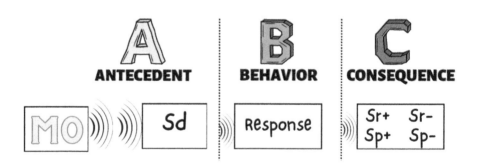

*Al incorporar el término **MO**, se forma la <u>Contingencia de los 4 términos</u>*

Las operaciones motivadoras toman dos formas:

- **Establish Operations (EO) :** MO que aumentan el valor reforzador de un estímulo y, por lo tanto, aumentan la probabilidad de que se produzca una conducta.

- **Abolish Operation (AO) :** MO que disminuyen el valor reforzador de un estímulo y, por lo tanto, disminuyen la probabilidad de que se produzca una conducta

Establish Operations - EO

EO strengthens the value of a stimulus.
Ej: La privación de alimentos hace que los alimentos sean más efectivos como reforzador.

Abolish Operation - AO

AO weakens the value of a stimulus.
Ej: La ingesta de alimentos reduce la efectividad de los alimentos como reforzador.

High-probability Request Sequence / Behavioral Momentum

El "Behavioral Momentum" o Impulso Conductual en español implica solicitar una serie de comportamientos de alta probabilidad (High probability), seguidos inmediatamente por un comportamiento de baja probabilidad (Low probability), aprovechando el impulso conductual. Es similar a un objeto en movimiento que tiende a mantener su dirección.

Sequence of High-probability behaviors:

Low-probability behavior

Touch your head!

Touch your feet!

Touch your shoulders!

Touch your knees!

Sit down and write your name!

**High-probability behaviors: Conductas preferida* que tienen alta probabilidad de ocurrencia.

**Low-probability behaviors: Conductas NO* agradables, tienen baja probabilidad de ocurrencia.

Functional Communication Training (FCT)

Functional Communication Training (FCT) utiliza el procedimiento de DRA (Differential Reinforcement of Alternative Behavior) para enseñar al individuo habilidades de comunicación alternativa, *funcionalmente equivalentes* al comportamiento problemático, como el uso del lenguaje de señas, dispositivos de comunicación, o simplemente enseñarles a expresar sus deseos verbalmente.

Una niña con antecedentes de conductas autolesivas (SIB, por sus siglas en inglés), cuando necesita descansar, se le enseña a decir: 'Quiero un descanso' antes de recurrir a un comportamiento autolesivo.

De esta manera, la niña aprende que puede utilizar una conducta alternativa más adecuada para satisfacer sus necesidades.

*SIB (self-injurious behavior)

Premack Principle / Grandma's Law

El principio de Premack se emplea para influir en el comportamiento de un individuo al ofrecer una actividad altamente preferida (una actividad reforzante) como consecuencia de completar una actividad menos preferida (una actividad que el individuo podría no disfrutar).

Ejemplo: La RBT le dice al cliente: "Hagamos tu tarea primero y luego podrás ver la TV"

Non-contingent Reinforcement (NCR)

El NCR es una estrategia que ofrece refuerzos en momentos predefinidos, independientemente de la conducta del individuo. Se utiliza para reducir la motivación detrás de comportamientos problemáticos, lo que crea una saciedad, por lo que una operación de abolición (AO) está presente.

Una niña que grita para llamar la atención cada 10 minutos, se le proporciona atención cada 9 minutos (un poco menos de 10 minutos).

Al recibir atención antes de que ella grite, la niña ya no siente la necesidad de gritar para conseguirla.

VERBAL BEHAVIOR (VB) / CONDUCTA VERBAL

El 'Comportamiento Verbal' ('Verbal Behavior') es un enfoque basado en ABA y las teorías de B.F. Skinner, con el propósito de mejorar la comunicación y el lenguaje a través de la comprensión de la función del comportamiento verbal.

Se clasifica en operantes verbales, entre los cuales se destacan cuatro principales:

1. Mand (Mando)
2. Tact (Tacto)
3. Intraverbal (Intraverbal)
4. Echoic (Ecoico)

Mand - Mando

"Mand" ocurre cuando una persona pide lo que quiere o necesita. Una MO (Operación Motivadora) esta presente.

Ejemplo: Un niño dice "carro" cuando quiere jugar con él.

Tact - Tacto

"Tact" es cuando alguien puede identificar y expresar lo que está viendo, sintiendo o experimentando de su entorno.

Ejemplo: Un niño ve un carro y dice "¡carro!" indicando que ha reconocido y nombrado lo que ve.

Intraverbal - Intraverbal

"Intraverbal" ocurre cuando hay un intercambio verbal entre dos personas y la respuesta es diferente al estímulo.

Ejemplo: Una niña hace una pregunta y su amigo le contesta.

Echoic- Ecoica

"Echoic" ocurre cuando una persona repite exactamente lo que escucha (como si fuera un eco).

Ejemplo: Una RBT dice "carro", y su cliente repite "carro"

GENERALIZATION / GENERALIZACIÓN

La generalización en ABA se refiere a la aplicación de lo que se ha aprendido en una situación o entorno a otras situaciones o entornos similares.

Existen dos tipos principales de generalización en ABA:

Stimulus Generalization
(Generalización de Estímulo).

Response Generalization
(Generalización de Respuesta).

Stimulus Generalization / Generalización de Estímulo

La generalización de estímulo implica que un individuo responde de la misma manera a diferentes estímulos que comparten características físicas similares.

Ejemplo:
Después de haber aprendido el color rojo con tarjetas en clase, Robert es capaz de identificar otros objetos rojos, diciendo "rojo". Robert es capaz de identificar diferentes estímulos que comparten propiedades físicas similares, lo que demuestra que ha generalizado los estímulos.

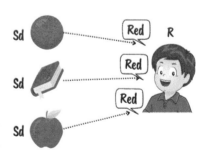

Robert es capaz de identificar diferentes estímulos que comparten propiedades físicas similares, lo que demuestra que ha generalizado los estímulos.

Response Generalization / Generalización de Respuesta

La generalización de respuesta se da cuando una persona emite respuestas no entrenadas pero funcionalmente equivalentes a las entrenadas, o sea, con el mismo propósito o función.

Ejemplo:
Robert aprendió a saludar a su maestra diciendo "Buenos días". Ahora, puede saludar de varias maneras diferentes, como decir "Hola" o dar un apretón de manos.

Estas respuestas son diferentes pero igualmente efectivas, lo que muestra que ha generalizado su respuesta.

MAINTENANCE / MANTENIMIENTO

"Maintenance" se refiere al hecho de que el comportamiento aprendido se mantiene a lo largo del tiempo en el entorno natural. Enseñamos comportamientos o habilidades que el niño utiliza en su entorno, de modo que pueda MANTENER el comportamiento.

Ejemplo:
Un niño aprende a lavarse las manos en la escuela con la ayuda de su RBT. Luego, el niño comienza a lavarse las manos por sí mismo en casa y en otros lugares sin la RBT presente. Luego de muchos meses, el niño todavía es capaz de lavarse las manos de forma independiente.

El comportamiento aprendido se ha mantenido en su repertorio conductual a lo largo del tiempo.

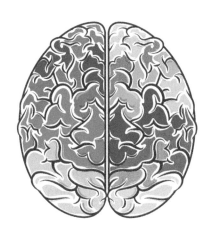

PRINCIPALES DESTINATARIOS DE LA TERAPIA ABA: AUTISMO Y ADHD

El autismo, conocido también como Trastorno del Espectro Autista (TEA), o por sus siglas en inglés ASD (Autism Spectrum Disorder), es una condición que afecta el desarrollo del cerebro e incide en cómo una persona percibe y socializa con otros, presentando desafíos significativos en la comunicación y la interacción social. Las personas con autismo suelen mostrar patrones de comportamiento repetitivos o restringidos. El término "espectro" indica que hay una gran variedad en los síntomas y capacidades entre las personas con autismo. Debido a estas características, quienes tienen autismo pueden enfrentar dificultades para integrarse en la sociedad, lo que lleva a una alta demanda de terapias especializadas como el Análisis de Comportamiento Aplicado (ABA), enfocadas en fomentar su inclusión y desarrollo social.

Las características o comportamientos más comunes en personas con autismo incluyen:

- Dificultades en la comunicación social:
  - Problemas para sostener conversaciones.
  - Dificultad para establecer y mantener contacto visual.
  - Retrasos en el desarrollo del habla y el lenguaje.
  - Problemas para comprender gestos y expresiones faciales.
- Comportamientos repetitivos:
  - Ecolalia o la repetición de palabras o frases.
  - Movimientos corporales reiterativos, tales como balancearse o aleteo de manos.
  - Seguimiento riguroso de rutinas o rituales.
- Intereses limitados o intensos:
  - Apego considerable a ciertos temas u objetos.
  - Preocupación por áreas de interés que pueden ser extremadamente específicas y detalladas.

- Respuestas sensoriales inusuales:
  - Hipersensibilidad o insensibilidad a estímulos sensoriales como el sonido, la luz, la temperatura o la textura de los alimentos.
  - Preferencias marcadas por ciertos alimentos, basadas en la textura.
- Dificultades para adaptarse a cambios:
  - Resistencia a modificaciones en la rutina o entorno.
  - Problemas para manejar transiciones o cambios en las actividades cotidianas.
- Desarrollo desigual de habilidades:
  - Desarrollo avanzado en áreas específicas (por ejemplo, matemáticas o memoria), contrastando con atrasos en otras, como las habilidades sociales.

Es fundamental recordar que el autismo se manifiesta de forma única en cada individuo, y no todas las personas con autismo exhiben todas estas características. Algunas pueden tener competencias sociales avanzadas, mientras que otras pueden experimentar dificultades significativas.

¿QUÉ ES EL ADHD? CARACTERÍSTICAS COMUNES

El TDAH, o Trastorno por Déficit de Atención e Hiperactividad, conocido en inglés como ADHD (Attention-Deficit/Hyperactivity Disorder), es una condición del desarrollo neurológico que se caracteriza por niveles persistentes de inatención, hiperactividad y comportamientos impulsivos que interfieren con el funcionamiento diario o el desarrollo. A menudo se diagnostica en la infancia y puede continuar en la adultez.

Las principales características del TDAH incluyen:

- Inatención:
    - Dificultad para mantener la atención en tareas o actividades lúdicas.
    - Tendencia a cometer errores por descuido en la escuela o en otras actividades.
    - Problemas para seguir instrucciones y finalizar tareas escolares, quehaceres o deberes laborales.
    - Desorganización y dificultad para manejar tareas que requieren un esfuerzo mental sostenido.
- Hiperactividad:
    - Inquietud constante, dificultad para permanecer sentado en situaciones donde se espera.
    - Correr o trepar en situaciones inapropiadas.
    - Incapacidad para jugar o participar en actividades tranquilas.
- Impulsividad:
    - Tendencia a actuar sin pensar en las consecuencias.
    - Interrupción constante de conversaciones o juegos.
    - Dificultad para esperar su turno.

Es importante mencionar que el ADHD se presenta en tres subtipos:

- Predominantemente inatento,
- Predominantemente hiperactivo-impulsivo
- Combinado.

Cada persona con ADHD puede experimentar un conjunto diferente de síntomas, y el grado de severidad también varía. Además, el ADHD puede coexistir con otros trastornos, lo que puede complicar su diagnóstico y tratamiento. Las estrategias de manejo incluyen medicación, terapias conductuales (ABA therapy), educación o entrenamiento, y una estructura de apoyo adecuada tanto en el hogar como en la escuela o trabajo.

ÉTICA, SUPERVISION Y CONDUCTA PROFESIONAL DEL RBT

"Nos adherimos al código de ética y a los estándares de conducta profesional para garantizar un servicio de calidad."

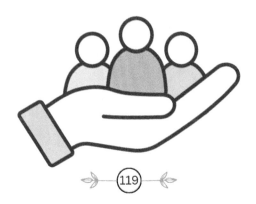

A continuación, se presenta un resumen de los requisitos de supervisión continua para los RBT (Registered Behavior Technicians).

- **Supervisión General:**
  - Los RBT deben practicar bajo la supervisión cercana y continua de un Supervisor RBT calificado y/o un Coordinador de Requisitos RBT.
  - El propósito de la supervisión es mejorar y mantener las habilidades analítico-conductuales, profesionales y éticas del RBT.
- **Actividades Apropiadas:**
  - Los RBT pueden realizar actividades típicas de técnicos en comportamiento, determinadas por sus supervisores.
  - Ejemplos incluyen realizar evaluaciones de preferencias, implementar procedimientos de enseñanza de ensayos discretos y generar notas de sesión.
- **Cantidad de Supervisión:**
  - Se requiere supervisión continua durante al menos el 5% de las horas dedicadas a proporcionar servicios de análisis conductual cada mes.
- **Actividades de Supervisión:**
  - Desarrollar expectativas de rendimiento.
  - Observar y proporcionar entrenamiento en habilidades conductuales y dar retroalimentación.
  - Modelar comportamiento técnico, profesional y ético.
  - Guiar el desarrollo de habilidades para la toma de decisiones éticas y de resolución de problemas.
  - Revisar materiales escritos como notas de progreso diarias y hojas de datos.
  - Supervisar y evaluar los efectos de la entrega de servicios analítico-conductuales.

- Proporcionar una evaluación continua de los efectos de la supervisión.
- **Estructura de la Supervisión:**
  - Incluir al menos dos contactos en persona y en tiempo real cada mes.
  - El supervisor debe observar al RBT brindando servicios en al menos una de las reuniones mensuales.
  - Preferencia por observación en persona y en el sitio, pero se permite supervisión a través de cámaras web o videoconferencias.
  - Al menos una sesión debe ser individual; la otra puede ser en una reunión de grupo pequeño con un máximo de 10 RBTs.
- **Responsabilidades del Supervisor:**
  - Proporcionar toda la supervisión de manera individual.
  - En organizaciones con múltiples supervisores, colaborar para garantizar que se cumplan todos los requisitos.
  - Los RBT que trabajan en diferentes organizaciones deben cumplir con todos los requisitos de forma independiente en cada una.
- **Auditorías del BACB:**
  - Mantener la documentación de supervisión durante 7 años y estar preparado para presentarla, incluso para ex RBTs.
  - En caso de auditoría, proporcionar al BACB la documentación de la supervisión realizada.
- **Restricciones Éticas y de Conflicto de Interés:**
  - El RBT no puede estar relacionado con, ser superior a, empleador de, o tener múltiples relaciones con el Supervisor RBT o el Coordinador de Requisitos RBT.
  - Pagar por servicios de supervisión no se considera como que el RBT sea empleado del supervisor.

- **Requisitos de Formación para Supervisores:**
  - Completar una capacitación basada en el Esquema del Currículo de Formación para Supervisores (2.0) y subirla a la cuenta de BACB antes de brindar supervisión.

Los requisitos de Supervisión garantizan que los RBT reciban una supervisión adecuada y efectiva, manteniendo altos estándares de práctica profesional y ética. Para una información mas completa puede consultar el manual del RBT en la pagina oficial de la BACB (https://www.bacb.com/).

www.bacb.com

A continuación, se presentan los requisitos esenciales de documentación y reporte para RBTs, basados en el módulo E de la segunda edición de la lista de tareas del RBT (RBT® Task List, 2nd ed.: Documentation and Reporting).

- **E-1 Comunicación Efectiva con el Supervisor:**
  - Programar reuniones regulares con el supervisor para discutir casos en curso y progresos.
  - Proporcionar actualizaciones regulares sobre el progreso del cliente, incluyendo cambios de comportamiento o desafíos.
  - Buscar retroalimentación sobre el desempeño y formas de mejorar.
  - Reportar inmediatamente cualquier preocupación sobre el progreso del cliente o la capacidad propia de implementar planes de intervención conductual.

- **E-2 Búsqueda Activa de Dirección Clínica:**
  - Buscar dirección clínica del supervisor cuando sea necesario, especialmente al implementar un plan de intervención conductual.
  - Hacerlo de manera oportuna para no impactar negativamente el progreso del cliente.
  - Seguir de cerca la orientación del supervisor y pedir aclaraciones si es necesario.
  - Documentar la dirección clínica recibida en el registro del cliente.

- **E-3 Reportar Otras Variables que Puedan Afectar al Cliente:**
  - Observar y documentar cualquier cambio en el comportamiento del cliente.

- Reportar cambios observados al supervisor tan pronto como sea posible.
- Seguir la guía del supervisor sobre cómo abordar cualquier cambio en el comportamiento o entorno del cliente.
- Mantener la confidencialidad al reportar cambios.

- **E-4 Generación de Notas de Sesión Objetivas:**
  - Proporcionar una descripción objetiva y precisa de lo ocurrido durante la sesión.
  - Utilizar un lenguaje claro y conciso, enfocándose en describir comportamientos de manera objetiva, observable y medible.
  - Ser específico en la descripción de comportamientos, intervenciones y progresos.
  - Escribir notas de manera oportuna, siguiendo los requisitos legales y reglamentarios.
  - Evitar opiniones personales o sesgos en las notas de sesión.

- **E-5 Cumplimiento de Requisitos Legales y Reglamentarios para la Recopilación de Datos:**
  - Familiarizarse con los requisitos legales, reglamentarios y del lugar de trabajo para la recopilación, almacenamiento, transporte y documentación de datos.
  - Asegurar la recopilación de datos de manera precisa y consistente.
  - Almacenar los datos del cliente de forma segura y en conformidad con los requisitos legales y reglamentarios.
  - Transportar los datos de manera segura y efectiva.
  - Documentar los datos de manera efectiva, siguiendo todos los requisitos y estándares aplicables.
  - Buscar orientación cuando sea necesario para garantizar el cumplimiento de los requisitos y estándares.

Estos puntos resumen las prácticas clave que los RBT deben seguir en cuanto a documentación y reporte, asegurando que mantengan estándares profesionales y cumplan con los requisitos legales y reglamentarios.

CONDUCTA PROFESIONAL Y ALCANCE DE LA PRÁCTICA.

A continuación, se presenta un resumen de los requisitos clave de conducta profesional y ámbito de práctica para Registered Behavior Technicians (RBTs), basado en el módulo F de la lista de tareas de la segunda edición (RBT® Task List (2nd ed.): F. Professional Conduct and Scope of Practice).

- **F-1 Descripción de los Requisitos de Supervisión y Rol de los RBTs:**
  - Los RBTs deben recibir supervisión continua de un BCBA o BCaBA.
  - La supervisión debe ser al menos el 5% de las horas trabajadas por mes, con un mínimo de una hora cara a cara.
  - Los supervisores son responsables de monitorear y guiar la implementación del plan de tratamiento.
  - Los RBTs implementan el plan de tratamiento, proporcionan servicios directos y comunican el progreso al supervisor.

- **F-2 Respuesta Adecuada a la Retroalimentación:**
  - Los RBTs deben responder a la retroalimentación escuchando activamente y tomando medidas para mantener o mejorar su desempeño.
  - Deben evitar ser defensivos y ver la retroalimentación como una oportunidad para el crecimiento.

- Deben continuar recopilando datos y comunicándose con el supervisor para asegurar la efectividad del plan de tratamiento.

- **F-3 Comunicación con Partes Interesadas:**
  - Comunicar con las partes interesadas como familiares y cuidadores según lo autorizado.
  - Solo compartir información permitida por el cliente o su tutor legal.

- **F-3 Comunicación con Partes Interesadas:**
  - Buscar aportes de las partes interesadas para asegurar que el plan de tratamiento satisfaga las necesidades del cliente.
  - Documentar todas las comunicaciones de acuerdo con pautas legales y éticas.

Este resumen refuerza la responsabilidad de los RBTs de adherirse a un alto estándar de conducta profesional, asegurando que la dignidad y los derechos del cliente sean siempre respetados y que su práctica se mantenga dentro del alcance de su competencia y bajo la dirección de supervisores calificados.

Para obtener una comprensión más profunda de estos requisitos y su aplicación práctica, se recomienda consultar el Handbook del RBT, el código de ética del RBT, o las secciones "Requisitos de Supervisión Continua para los RBT" y "Código de Ética" en este libro.

Section 1—General Responsibilities
(Sección 1—Responsabilidades Generales)

(EN) **1.01** RBTs are honest and work to support an environment that promotes truthful behavior in others. They do not lead others to engage in fraudulent, illegal, or unethical behavior. They follow the law and the requirements of their professional community (e.g., BACB, employer, supervisor).

(ES) **1.01** Los RBTs son honestos y trabajan para apoyar un entorno que promueva el comportamiento veraz en otros. No inducen a otros a participar en comportamientos fraudulentos, ilegales o éticamente incorrectos. Siguen la ley y los requisitos de su comunidad profesional (por ejemplo, BACB, empleador, supervisor).

(EN) **1.02** RBTs conduct themselves in a professional manner, are accountable for their actions, and make an effort to follow through on work and contractual commitments. When commitments cannot be met, RBTs work with their supervisors to address the situation in the best interest of clients.

(ES) **1.02** Los RBTs se comportan de manera profesional, son responsables de sus acciones y se esfuerzan por cumplir con sus compromisos laborales y contractuales. Cuando no pueden cumplir con los compromisos, los RBTs trabajan con sus supervisores para abordar la situación en el mejor interés de los clientes.

• **1.03** RBTs only provide services under their RBT certification
(EN) within a clearly defined role under close, ongoing supervision.

• **1.03** Los RBTs solo brindan servicios bajo su certificación RBT
(ES) dentro de un papel claramente definido bajo supervisión cercana y continua.

(EN) **1.04** RBTs are never employers of their supervisor. RBTs who are also trainees (i.e., accruing supervised fieldwork toward a future BCBA or BCaBA certification application) may separately contract for those supervision services.

(ES) **1.04** Los RBTs nunca son empleadores de sus supervisores. Los RBTs que también son aprendices (es decir, acumulan experiencia supervisada para una futura solicitud de certificación BCBA o BCaBA) pueden contratar por separado los servicios de supervisión.

(EN) **1.05** RBTs do not knowingly make false, misleading, or exaggerated statements about their qualifications or behavior technician services. They provide a current and accurate set of relevant credentials to employers and supervisors upon request.

(ES) **1.05** Los RBTs no hacen declaraciones falsas, engañosas o exageradas sobre sus calificaciones o servicios como técnicos de comportamiento de manera consciente. Proporcionan un conjunto actual y preciso de credenciales relevantes a los empleadores y supervisores cuando se les solicita.

(EN) **1.06** RBTs provide behavior-technician services only after their supervisor confirms that they have demonstrated competence. They work with their supervisor to continually evaluate their competence. If an RBT identifies that they are being asked to do something that goes beyond the scope of their certification and/or competence, they immediately inform their supervisor or other appropriate individuals at their place of employment and document this communication.

(ES) **1.06** Los RBTs brindan servicios de técnico de comportamiento solo después de que su supervisor confirme que han demostrado competencia. Trabajan con su supervisor para evaluar continuamente su competencia. Si un RBT identifica que se le pide hacer algo que va más allá del alcance de su certificación y/o competencia, informan de inmediato a su supervisor u otras personas apropiadas en su lugar de trabajo y documentan esta comunicación.

(EN) 1.07 RBTs work directly with their supervisor to ensure that they are culturally responsive in their work. They actively work to evaluate their own biases and ability to work with individuals with diverse needs/backgrounds (e.g., age, disability, ethnicity, gender expression/identity, immigration status, marital/relationship status, national origin, race, religion, sexual orientation, socioeconomic status) and obtain any needed training in these areas under the direction of their supervisor.

(ES) 1.07 Los RBTs trabajan directamente con su supervisor para asegurarse de que sean culturalmente receptivos en su trabajo. Trabajan activamente en evaluar sus propios prejuicios y capacidad para trabajar con personas con diversas necesidades/antecedentes (por ejemplo, edad, discapacidad, etnia, expresión/identidad de género, estado migratorio, estado civil/relación, origen nacional, raza, religión, orientación sexual, estatus socioeconómico) y obtienen cualquier capacitación necesaria en estas áreas bajo la dirección de su supervisor.

(EN) 1.08 RBTs do not harass or discriminate against others (e.g., clients, coworkers). They behave toward others in an equitable and inclusive manner regardless of age, disability, ethnicity, gender expression/identity, immigration status, marital/relationship status, national origin, race, religion, sexual orientation, socioeconomic status, or any other basis proscribed by law.

(ES) 1.08 Los RBTs no acosan ni discriminan a otros (por ejemplo, clientes, compañeros de trabajo). Se comportan hacia los demás de manera equitativa e inclusiva sin importar la edad, discapacidad etnia, expresión/identidad de género, estado migratorio, estado civil/relación, origen nacional, raza, religión, orientación sexual, estatus socioeconómico u otra base prohibida por la ley.

(EN) **1.09** RBTs are aware that their personal biases or challenges (e.g., mental or physical health conditions; legal, financial, marital/relationship challenges) may impact their ability to effectively carry out their behavior-technician services. If their biases or challenges may impact services, they take steps to resolve the issue (e.g., developing an action/care plan, reporting to their supervisor, refraining from working with clients until the issue is resolved, reporting to the BACB) and document these actions.

(ES) **1.09** Los RBTs son conscientes de que sus prejuicios personales o desafíos (por ejemplo, condiciones de salud mental o física; desafíos legales, financieros, matrimoniales/relacionales) pueden afectar su capacidad para llevar a cabo efectivamente sus servicios como técnicos de comportamiento. Si sus prejuicios o desafíos pueden afectar los servicios, toman medidas para resolver el problema (por ejemplo, desarrollar un plan de acción/cuidado, informar a su supervisor, abstenerse de trabajar con clientes hasta que se resuelva el problema, informar al BACB) y documentan estas acciones.

(EN) **1.10** RBTs avoid multiple relationships with clients, coworkers, and supervisors. Multiple relationships occur when there is a mixing of two or more relationships (e.g., friend, family member, employee/employer) that may result in conflicts of interest and risk of harm to the client. If RBTs find that a multiple relationship has developed, they immediately inform their supervisor, work to resolve it, and document these actions. If the multiple relationship involves their supervisor, RBTs should report it to their supervisor's manager or other appropriate entity (e.g., human resources, BACB) and document this communication.

(ES) **1.10** Los RBTs evitan relaciones múltiples con clientes, compañeros de trabajo y supervisores. Las relaciones múltiples ocurren cuando se mezclan dos o más relaciones (por ejemplo, amigo, miembro de la familia, empleado/empleador) que pueden resultar en conflictos de interés y riesgo de daño al cliente. Si los RBTs descubren que ha desarrollado una relación múltiple, informan de inmediato a su supervisor, trabajan para resolverla y documentan estas acciones. Si la relación múltiple involucra a su supervisor, los RBTs deben informarla al gerente de su supervisor u otra entidad apropiada (por ejemplo, recursos humanos, BACB) y documentar esta comunicación.

(EN) **1.11** Because the exchange of gifts can lead to conflicts of interest and multiple relationships, RBTs do not give gifts to or accept gifts from clients, stakeholders, or supervisors with a monetary value of more than $10 US dollars (or the equivalent purchasing power in another currency). A gift is acceptable if it functions as an occasional expression of gratitude and does not result in financial benefit to the recipient. Instances of giving or accepting ongoing or cumulative gifts may rise to the level of a violation of this standard if the gifts become a regularly expected source of income or value to the recipient. If an employer has a stricter policy regarding gift exchange (e.g., prohibiting gift exchange), RBTs follow that policy.

(ES) **1.11** Debido a que el intercambio de regalos puede llevar a conflictos de interés y relaciones múltiples, los RBTs no hacen regalos a clientes, partes interesadas o supervisores con un valor monetario superior a 10 dólares estadounidenses (o el equivalente en poder adquisitivo en otra moneda). Un regalo es aceptable si funciona como una expresión ocasional de gratitud y no resulta en beneficio financiero para el destinatario. Los casos de dar o aceptar regalos continuos o acumulativos pueden considerarse una violación de esta norma si los regalos se convierten en una fuente regularmente esperada de ingresos o valor para el destinatario. Si un empleador tiene una política más estricta con respecto al intercambio de regalos (por ejemplo, prohibir el intercambio de regalos), los RBTs siguen esa política).

(EN) **1.12** RBTs do not engage in romantic or sexual relationships with current clients, stakeholders, or supervisors. They do not engage in romantic or sexual relationships with former clients or stakeholders for a minimum of two years from the date the professional relationship ended. They do not engage in romantic or sexual relationships with former supervisors until the parties can document that the professional relationship has ended (i.e., completion of all professional duties). They do not receive supervision from individuals with whom they have had a past romantic or sexual relationship until at least six months after the relationship has ended.

(ES) 1.12 Los RBTs no participan en relaciones románticas o sexuales con clientes, partes interesadas o supervisores actuales. No participan en relaciones románticas o sexuales con exclientes o partes interesadas durante un mínimo de dos años desde la fecha en que terminó la relación profesional. No participan en relaciones románticas o sexuales con exsupervisores hasta que las partes puedan documentar que la relación profesional ha terminado (es decir, la finalización de todos los deberes profesionales). No reciben supervisión de personas con las que hayan tenido una relación romántica o sexual pasada hasta al menos seis meses después de que haya terminado la relación.

Section 2—Responsibilities in Providing Behavior-Technician (Sección 2—Responsabilidades en la Prestación de Servicios de Técnico de Comportamiento)

(EN) 2.01 RBTs do no harm and work to support the best interest of their clients. They are knowledgeable about and comply with mandated-reporting requirements.

(ES) 2.01 Los RBTs no causan daño y trabajan en beneficio de sus clientes. Tienen conocimiento y cumplen con los requisitos de informe obligatorio).

(EN) 2.02 RBTs follow the direction of their supervisors, accurately implement behavior-technician services, and accurately complete all required documentation (e.g., client data, billing records).

(ES) 2.02 Los RBTs siguen las instrucciones de sus supervisores, implementan con precisión los servicios de técnico de comportamiento y completan con precisión toda la documentación

requerida (por ejemplo, datos del cliente, registros de facturación).

(EN) **2.03** RBTs conduct themselves in a professional manner during all work activities (e.g., delivering services, receiving training or supervision). They take action to improve their performance following feedback from supervisors.

(ES) **2.03** Los RBTs se comportan de manera profesional en todas las actividades laborales (por ejemplo, prestación de servicios, recepción de capacitación o supervisión). Toman medidas para mejorar su desempeño siguiendo los comentarios de los supervisores).

(EN) **2.04** RBTs do not use unfamiliar interventions or provide services to unfamiliar client populations unless they have received proper training.

(ES) **2.04** Los RBTs no utilizan intervenciones desconocidas ni brindan servicios a poblaciones de clientes desconocidas a menos que hayan recibido una capacitación adecuada).

(EN) **2.05** RBTs implement restrictive or punishment-based procedures only when included in a documented behavior-change plan and after their supervisor has verified their competence.

(ES) **2.05** Los RBTs implementan procedimientos restrictivos o basados en el castigo solo cuando estén incluidos en un plan documentado de cambio de comportamiento y después de que su supervisor haya verificado su competencia).

(EN) **2.06** RBTs direct any questions or concerns that they or others (e.g., caregivers, coworkers) have about their behavior technician services to their supervisor.

(ES) **2.06** Los RBTs dirigen cualquier pregunta o inquietud que ellos u otros (por ejemplo, cuidadores, compañeros de trabajo) tengan sobre sus servicios como técnicos de comportamiento a su supervisor.

(EN) **2.07** RBTs take necessary actions to protect clients when they become aware that a client's legal rights are being violated or that there is risk of harm to a client. In these instances, RBTs report the matter to their supervisor, follow organization policies, and document these actions. In some instances, RBTs may need to contact relevant authorities (e.g., law enforcement, BACB, licensure board).

(ES) **2.07** Los RBTs toman las acciones necesarias para proteger a los clientes cuando se dan cuenta de que se están violando los derechos legales de un cliente o que existe un riesgo de daño para un cliente. En estos casos, los RBTs informan del asunto a su supervisor, siguen las políticas de la organización y documentan estas acciones. En algunos casos, los RBTs pueden necesitar ponerse en contacto con las autoridades pertinentes (por ejemplo, las fuerzas del orden, el BACB, la junta de licencias).

(EN) **2.08** RBTs protect the confidentiality and privacy of their clients, stakeholders, and others in the workplace by following all related requirements established by the BACB, employers, and the law (e.g., privacy laws, licensure requirements). RBTs maintain confidentiality when interacting with client information and records.

(ES) **2.08** Los RBTs protegen la confidencialidad y privacidad de sus clientes, partes interesadas y otras personas en el lugar de trabajo, siguiendo todos los requisitos relacionados establecidos por el BACB, los empleadores y la ley (por ejemplo, leyes de privacidad, requisitos de licencia). Los RBTs mantienen la confidencialidad al interactuar con la información y los registros de los clientes).

(EN) **2.09** RBTs do not share identifying information (e.g., photos, videos, written information) about clients on social media or websites.

(ES) **2.09** Los RBTs no comparten información de identificación (por ejemplo, fotos, videos, información escrita) sobre los clientes en las redes sociales o sitios web.

(EN) **2.10** RBTs only discuss confidential client information under the direction of their supervisor unless allowed by law for a valid reason (e.g., protecting the client or others from harm). RBTs only share necessary client information in their job-related communications (e.g., emails, documentation).

(ES) **2.10** Los RBTs solo discuten información confidencial del cliente bajo la dirección de su supervisor, a menos que la ley lo permita por una razón válida (por ejemplo, proteger al cliente o a otros del daño). Los RBTs solo comparten información necesaria del cliente en sus comunicaciones relacionadas con el trabajo (por ejemplo, correos electrónicos, documentación)).

Section 3—Responsibilities to the BACB and BACB-Required Supervisor
(Sección 3—Responsabilidades hacia el BACB y el Supervisor Requerido por el BACB)

(EN) **3.01** RBTs comply with all requirements of the BACB and their supervisor, including, but not limited to, supervision, documentation of supervision, and audits.

(ES) **3.01** Los RBTs cumplen con todos los requisitos del BACB y su supervisor, incluyendo, pero sin limitarse a, la supervisión, la documentación de la supervisión y las auditorías).

(EN) **3.02** RBTs are honest and accurate in all communications with the BACB and their supervisor. If an RBT becomes aware that they submitted inaccurate or false information or documents to the BACB, they immediately contact the BACB to correct the issue. If an RBT becomes aware that they submitted inaccurate or false information or documents to their supervisor or employer, they immediately contact those parties to correct the issue and determine the need to self-report the situation to the BACB.

(ES) 3.02 Los RBTs son honestos y precisos en todas las comunicaciones con el BACB y su supervisor. Si un RBT se da cuenta de que envió información o documentos inexactos o falsos al BACB, contactan de inmediato al BACB para corregir el problema. Si un RBT se da cuenta de que envió información o documentos inexactos o falsos a su supervisor o empleador, contactan de inmediato a esas partes para corregir el problema y determinar la necesidad de informar la situación al BACB).

(EN) 3.03 RBTs do not cheat or help others cheat on RBT competency assessments or RBT examinations. RBTs follow the rules and requirements of the BACB and its approved testing centers, including, but not limited to, those related to falsifying information and the unauthorized collection, use, or distribution of examination materials.

(ES) 3.03 Los RBTs no hacen trampa ni ayudan a otros a hacer trampa en las evaluaciones de competencia del RBT o en los exámenes del RBT. Los RBTs siguen las reglas y requisitos del BACB y sus centros de prueba aprobados, incluyendo, pero sin limitarse a, aquellos relacionados con la falsificación de información y la recopilación, uso o distribución no autorizada de materiales de examen).

(EN) 3.04 RBTs are aware of the events they need to self-report to the BACB and any other required entities (e.g., employer, supervisor). They self-report to the BACB within 30 days of the event or within 30 days of becoming aware of the event. RBTs are required to self-report to the BACB any event that might impact their ability to effectively carry out their behavior-technician services or comply with BACB requirements, including:

- legal charges and subsequent related actions;
- investigations by employers, governmental agencies, educational institutions, or third-party payers naming the RBT;
- disciplinary actions by employers (including suspensions and terminations for cause), governmental agencies, educational institutions, and third-party payers; OR
- physical conditions, mental conditions, or substance abuse that may impair the RBT's ability to safely provide behavior-technician services.

(ES)**3.04** Los RBTs están conscientes de los eventos que necesitan informar por iniciativa propia al BACB y a cualquier otra entidad requerida (por ejemplo, empleador, supervisor). Informan al BACB dentro de los 30 días posteriores al evento o dentro de los 30 días posteriores a tomar conocimiento del evento. Los RBTs deben informar por iniciativa propia al BACB cualquier evento que pueda afectar su capacidad para llevar a cabo eficazmente sus servicios como técnico de comportamiento o cumplir con los requisitos del BACB, incluyendo:

- cargos legales y acciones relacionadas posteriores;
- investigaciones realizadas por empleadores, agencias gubernamentales, instituciones educativas o terceros pagadores que mencionen al RBT;
- acciones disciplinarias por parte de empleadores (incluyendo suspensiones y terminaciones por causa), agencias gubernamentales, instituciones educativas y terceros pagadores; o
- condiciones físicas, condiciones mentales o abuso de sustancias que puedan afectar la capacidad del RBT para proporcionar de manera segura servicios de técnico de comportamiento.

(EN) **3.05** RBTs do not misuse the intellectual property of the BACB (e.g., certification titles, examination content) or others (e.g., an employer's proprietary materials).

(ES) **3.05** Los RBTs no hacen un uso indebido de la propiedad intelectual del BACB (por ejemplo, títulos de certificación, contenido de exámenes) ni de otros (por ejemplo, materiales patentados de un empleador).

(EN) **3.06** RBTs named in a Notice of Alleged Violation or who receive a required action from the BACB (e.g., RBT Supervision Audit, Educational Memorandum, Notice of RBT Required Action, Disciplinary or Appeal Determination, Notice of Summary Suspension or Revocation) immediately share the document with their supervisor and work collaboratively to respond to any correspondence and comply with all BACB requirements.

(ES) 3.06 Los RBTs mencionados en un Aviso de Presunta Violación o que reciban una acción requerida por parte del BACB (por ejemplo, Auditoría de Supervisión de RBT, Memorando Educativo, Aviso de Acción Requerida de RBT, Determinación Disciplinaria o de Apelación, Aviso de Suspensión o Revocación Resumida) comparten inmediatamente el documento con su supervisor y trabajan en colaboración para responder a cualquier correspondencia y cumplir con todos los requisitos del BACB.

(EN) 3.07 RBTs regularly (e.g., monthly) check their BACB account to ensure their personal information (e.g., name, email address, mailing address) is accurate. Within 24 hours of becoming aware of a change to their certification status (e.g., inactive, expired, suspended, revoked), RBTs report the change to their supervisor and subsequently comply with applicable BACB requirements related to practice, billing, and use of the RBT title.

(ES) 3.07 Los RBTs verifican regularmente (por ejemplo, mensualmente) su cuenta del BACB para asegurarse de que su información personal (por ejemplo, nombre, dirección de correo electrónico, dirección postal) sea precisa. Dentro de las 24 horas posteriores a tomar conocimiento de un cambio en su estado de certificación (por ejemplo, inactivo, vencido, suspendido, revocado), los RBTs informan el cambio a su supervisor y posteriormente cumplen con los requisitos del BACB aplicables relacionados con la práctica, facturación y el uso del título de RBT).

PREPARACIÓN PARA EL EXAMEN

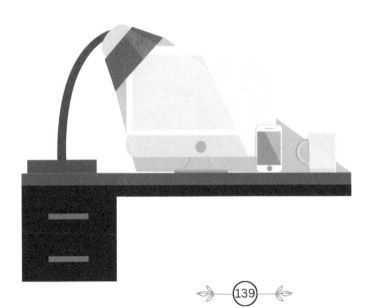

Preparación y Estudio:

- **Infórmate sobre el Examen:** Conoce el formato de examen.
  - El examen es en inglés y consta de 85 preguntas de opción múltiple, de las cuales 10 no son puntuables (aunque no se identifican cuáles son, por lo que es necesario prepararse para todas).
  - El desglose de preguntas por área de contenido es el siguiente:
    - A. Medición: 12 preguntas
    - B. Evaluación: 6 preguntas
    - C. Adquisición de Habilidades: 24 preguntas
    - D. Reducción de Comportamientos: 12 preguntas
    - E. Documentación e Informes: 10 preguntas
    - F. Conducta Profesional y Alcance de la Práctica: 11 preguntas
  - Cada pregunta presenta cuatro opciones de respuesta, pero solo una es correcta.
  - Los candidatos tienen 90 minutos para completar el examen, y es importante tener en cuenta que si se levantan, por ejemplo, para ir al baño, el reloj del examen seguirá corriendo durante ese tiempo.
  - Consulta la sección de examinación en el manual del RBT para más información sobre el examen, así como las políticas y reglas de los centros de exámenes en el sitio web de Pearson VUE para estar completamente informado.

- **Planifica tu Estudio:**
  - Elabora un plan de estudio anticipado, acorde con la lista de tareas (En aba4love.com te sugerimos uno detallado).
  - Asigna temas a estudiar cada día usando un calendario, adaptándolo a tu tiempo disponible y que puedas ajustar conforme avances y según sea necesario.
  - Fija objetivos alcanzables y enfócate en sesiones de estudio breves y efectivas.
  - Determina y registra la fecha de tu examen, considerando que antes debes completar la evaluación de competencia por un analista de conducta.

- **Alimentación Durante el Estudio:** Tan importante como el mismo estudio!
  - Prioriza comidas balanceadas que incluyan granos enteros y proteínas magras, como avena, arroz integral, pollo, pavo, pescado y huevos, para garantizar una energía constante.
  - Asegúrate de consumir frutas, verduras, nueces y semillas, que son ricas en vitaminas, fibra y omega-3, beneficiosos para la función cognitiva.
  - Evita los azúcares y grasas saturadas para mantener niveles óptimos de energía y enfoque.
  - Controla la ingesta de cafeína para evitar la deshidratación y mantener la calma.

- **Vocabulario de ABA:** Familiarízate con el vocabulario común de ABA en inglés, utilizando diccionarios bilingües o aplicaciones de traducción y anotando los términos para recordarlos mejor (te sugerimos una lista más adelante en esta sección)

- **Fuentes Confiables**: Utiliza materiales de estudio provenientes de fuentes reconocidas y recomendadas.

- **Busca Asesoramiento de Profesionales:** Obtén consejos de RBTs que ya están certificados y de BCBA/ BCaBA.

- **Aprovecha las Grabaciones de Contenidos:** Refuerza tu aprendizaje escuchando audios de los temas mientras realizas otras actividades, como conducir o hacer tareas domésticas.

- **Prioriza la Calidad:** Concentrarte en comprender bien los conceptos es más efectivo que memorizar muchos sin entenderlos.

- **Usa Métodos de Memorización:** Emplea técnicas como el "palacio de la memoria" o el "método del loci" para una mejor retención de información (se explican más adelante en esta sección).

- **Práctica de Exámenes Cronometrados:** Entrena respondiendo preguntas bajo límite de tiempo en inglés, simulando las condiciones del examen. Utiliza herramientas como la aplicación *Trainer 4 Love (https://www.trainer4love.com/).*

- **Estudio en Equipo:** Colabora con otros estudiantes que también se estén preparando para el examen. Intercambia conocimientos y únete a comunidades como *ABA 4 Love* (*www.aba4love.com/com/2*).

- **Programa el Examen:** Después de completar tu evaluación de competencia, solicita y agenda tu examen, confirmando con anticipación la fecha, hora y lugar.

El Día Antes del Examen:

- **Prepara tu viaje al centro de examen:** Planifica con antelación tu ruta hacia el centro.
    - Elige la ruta más conveniente y busca opciones de estacionamiento con anticipación.
    - Considera las condiciones del tráfico y el clima.
    - Revisa tu vehículo para asegurarte de que tiene suficiente combustible y está en óptimas condiciones para el viaje.
    - Determina con tiempo la hora de salida para llegar al menos una hora antes del examen, lo que te permitirá afrontar cualquier imprevisto.

- **Prepara tus identificaciones:** Asegúrate de preparar dos identificaciones oficiales, una con foto y la otra con firma, que correspondan a los datos en tu cuenta de BACB (por ejemplo, tu licencia de conducir y una tarjeta de crédito).

- **Alimentación:**
    - Come Ligero y Equilibrado: Prefiere alimentos que te hagan sentir bien y te den energía, pero nada demasiado pesado.
    - Cuida la Cafeína: Un poquito está bien, pero no te excedas para que no te sientas nervioso o deshidratado.
    - Mantente Hidratado: Bebe agua para estar en tu mejor forma, pero sin pasarte para no tener que ir constantemente al baño.

- **Duerme Bien:** Asegúrate de tener una buena noche de sueño. Descansar adecuadamente te ayuda a recordar mejor lo estudiado y a rendir al máximo en tu examen. ¡Dulces sueños!

- **Mantén una Actitud Positiva:** Ten confianza en tu habilidad para superar el examen. Recuerda que dispones de hasta 8 intentos. Si no tienes éxito en la primera oportunidad, esta experiencia te servirá para entender mejor la dinámica del examen y prepararte más efectivamente para la próxima vez.

El Día del Examen:

- **Alimentación el Día del Examen:**
  - Evita Comidas Pesadas: Si comes mucho, tu cuerpo usará energía en digerir, y eso puede afectar tu concentración. Mejor algo ligero para que estés al 100%.
  - Mantén el Equilibrio: Continúa con comidas balanceadas y, si necesitas, un snack ligero antes del examen como almendras o semillas para mantener tu energía.
  - Cuidado con Azúcares y Grasas: Estos pueden causar un aumento rápido y luego una caída en tu nivel de energía, lo cual no es lo mejor para mantener la concentración.
  - Cafeína con Moderación: Demasiada puede hacerte sentir nervioso o deshidratado.
  - Buena Hidratación: Bebe suficiente agua, pero reduce su consumo 2 a 3 horas antes del examen para evitar interrupciones por necesidad de ir al baño. Recuerda que si te levantas durante el examen, el tiempo sigue contando.

- **Llegada:** Asegúrate de llegar al centro de pruebas con 1 hora o 45 minutos de anticipación y ten a mano tus identificaciones oficiales, que preparaste previamente.

- **Vestimenta:** Elige ropa casual y cómoda, y considera llevar un abrigo, dado que los centros de examen suelen mantener temperaturas frías.

- **Artículos Permitidos:** Ten en cuenta que no se permiten dispositivos electrónicos, comida, ni accesorios como relojes, carteras o sombreros en el centro de examen. Es recomendable dejar en casa todo lo que no sea necesario.

- **Chequeo Inicial:**
  - Al llegar, harás check-in donde el personal verificará tus identificaciones, tomará tus huellas y una foto, además de darte instrucciones y reglas de seguridad.
  - Te pedirán apagar tu teléfono, guardarlo en un sobre sellado y guardar todas tus pertenencias en un casillero asignado. Solo entrarás a la sala de examen con tu identificación y la llave del casillero.

○ Realizarán una revisión rutinaria de bolsillos, anteojos y demás, como parte de los protocolos para prevenir el fraude. Para más información, visita la página oficial de Pearson VUE.

- **Mentalidad Positiva:** ¡Hoy es tu día! Antes de empezar el examen, haz una pausa para respirar hondo y mantén una actitud positiva y serena. Piensa en esto como en una oportunidad de aprendizaje y recuerda que, si necesitas, puedes intentarlo más veces. Confía en ti y en todo lo que has trabajado para llegar hasta aquí. ¡Tú puedes!

Durante el Examen:

- **Panorámica de tu pantalla:** Al iniciar el examen dedica 3 segundos a ubicar las opciones que podras usar durante el examen, como por ejemplo el reloj, la calculadora, la bandera para marcar las preguntas que deseas revisar al final y los botones para pasar a la siguiente pregunta.

- **Gestión del Tiempo:**
  ○ Tu Plan de 90 Minutos: Con 85 preguntas en total, apunta a gastar alrededor de un minuto por pregunta. Algunas serán más rápidas y otras requerirán más tiempo.
  ○ No mires el reloj mas de dos veces!.
    ▪ Primera Revisión: Alrededor de la pregunta 55, o cuando hayas contestado unas 30 preguntas. Aquí, deberías tener entre 55 a 60 minutos restantes.
    ▪ Segunda Revisión: El sistema te avisará automáticamente cuando falten 30 minutos. Para entonces, idealmente deberías estar en la pregunta 60, con unas 25 a 30 preguntas restantes.
  Mirar constantemente el tiempo solo aumenta tu estrés. Confía en tu habilidad para manejar el tiempo, ya lo has practicado.

- **No dejes preguntas sin responder.** Si te atascas o una pregunta te toma más de un minuto, confía en tu instinto, responde, marca para revisión y continúa. Podrás regresar a estas preguntas si te sobra tiempo al final.

- **Estructura de la Pregunta:** Generalmente, una opción es la correcta, hay un distractor que parece adecuado pero no lo es, y dos opciones claramente incorrectas. Si dudas entre dos respuestas, descarta primero las incorrectas y luego elige la más completa y precisa.

- **Panorámica Visual:** Haz un escaneo rápido de todas las opciones antes de leer profundamente la pregunta para tener una idea general del tema.

- **Para Preguntas Largas y de Escenario:** Lee primero la última oración para comprender qué se pregunta. Luego, lee la pregunta desde el inicio, ya con una idea del tema y de lo que se requiere específicamente.

- **Lectura Cuidadosa:** Esfuérzate por entender la pregunta en una sola lectura para ahorrar tiempo.

- **Identificar Palabras Clave:** Presta atención a términos clave en ABA como "reinforcement", "antecedent" o "behavior", y relaciona estos términos con ejemplos prácticos. Más adelante en este libro encontrarás un vocabulario útil relacionado con ABA.

- **Descartar Respuestas Incorrectas:** Elimina las opciones que no concuerden con las palabras clave o el contexto de la pregunta.

- **Cuidado con los Absolutos:** Desconfía de las opciones que contienen palabras como "always", "never" o "all".

- **Precaución con Preguntas de Doble Negativo:** Asegúrate de entender correctamente preguntas o respuestas con doble negativo, como "It is not uncommon" (No es inusual), que realmente significa que es común.

- **No Cambies tu Respuesta a Menos que Estés Seguro/a:** Confía en tu primera elección, a menos que aparezca información nueva convincente para cambiar de opinión.

- **Mantén la Calma y Confía en tus Conocimientos:** La ansiedad puede afectar tu rendimiento, así que mantente tranquilo/a y confía en tu preparación.

Cada pregunta te acerca más a tu objetivo. ¡Tú puedes hacerlo!

Después del Examen:

- **Felicítate a Ti Mismo:** Al levantarte del asiento, tómate un momento para reconocer tu esfuerzo, independientemente del resultado. Has trabajado duro y eso merece un reconocimiento.

- **Los Resultados!:** Los resultados te los entregarán en la recepción del centro. Respira profundamente y recuerda que, aunque no puedas cambiar el resultado, sí puedes controlar cómo lo recibes. ¡Si el resultado es "PASS EXAM", enhorabuena, lo has logrado!

- **Premio Personal:** Date un reforzador potente como recompensa tan pronto como termines, haya sido cual haya sido el resultado. Si has aprobado, ¡felicidades! Y si no, has ganado valiosa experiencia y conoces las áreas a mejorar.

- **Certificación:** Tras aprobar, recibirás un correo de felicitación del BACB con indicaciones importantes y los pasos para obtener tu carta de certificación.

- **En Caso de Repetir el Examen:** Si no apruebas, es recomendable tomar un descanso breve de 1 a 2 días y luego retomar el estudio inmediatamente. Apóyate en las áreas de dificultad que te indicaron en el reporte que recibiste. Es crucial mantener el contenido fresco, ya que el tiempo sin práctica puede hacer que se olvide lo aprendido. Volver a estudiar después de un largo periodo puede ser más difícil.

- **Sacar cita después de 7 días:** No podrás sacar cita hasta después de 7 días. Recuerda que el sistema no te permitirá programarla antes de ese plazo, así que aprovecha ese tiempo para enfocarte en el estudio.

Después de todas estas recomendaciones, recuerda que cada paso que das es parte de tu camino hacia el éxito. La dedicación, la paciencia y la perseverancia son tus mejores aliados. Cree en ti mismo, en tu capacidad y en el esfuerzo que has invertido. Y cuando te preguntes si puedes lograrlo, recuerda siempre: ¡Sí se puede!

La Técnica del Palacio de la Memoria o también conocido como Método del Loci es una estrategia útil para estudiar para el examen de RBT. A continuación, te ofrecemos pasos sencillos para aplicar este método y mejorar tu memorización de cara al examen.

1. **Selecciona tu "Palacio":** Elige un lugar que conozcas muy bien y que puedas visualizar claramente en tu mente. Esto podría ser tu casa, tu lugar de trabajo, una ruta que recorras a menudo, o cualquier otro lugar familiar.

2. **Define un Recorrido:** Planifica un recorrido lógico y fácil de recordar por tu palacio. Por ejemplo, podrías empezar en la puerta de entrada y luego moverte habitación por habitación.

3. **Asigna Conceptos Clave a Lugares Específicos:** Divide el material de estudio del examen RBT en segmentos manejables. Asocia cada concepto clave o tema (como definiciones, principios del análisis de comportamiento, procedimientos de intervención, etc.) con un lugar específico en tu recorrido.

4. **Crea Imágenes Vívidas:** Para cada concepto, crea una imagen mental vívida y única que lo represente. Por ejemplo, para recordar una técnica de intervención específica, podrías visualizar una escena en la que estás aplicando esa técnica en una habitación particular de tu palacio.

5. **Incorpora Detalles Adicionales:** Si hay detalles específicos que necesitas recordar sobre un concepto, intégralos en tu imagen. Por ejemplo, si hay pasos específicos en un procedimiento, podrías imaginar estos pasos ocurriendo secuencialmente a medida que te mueves por una habitación.

6. **Practica el Recorrido Mental:** Haz recorridos mentales por tu palacio regularmente. Cada vez que llegues a un lugar específico en tu recorrido, recuerda la imagen asociada y los conceptos que representa.

7. **Utiliza el Recorrido para la Revisión:** Antes del examen, utiliza tu recorrido mental por el palacio para repasar rápidamente todos los conceptos clave. Esto puede ayudarte a refrescar tu memoria de manera eficiente y efectiva.

8. **Adapta y Ajusta Según Sea Necesario:** Si encuentras que ciertas imágenes o asociaciones no funcionan tan bien como esperabas, siéntete libre de ajustarlas o cambiarlas. La flexibilidad es clave para que este método funcione mejor para ti.

Al usar la técnica del palacio de la memoria para la preparación del examen RBT, estás aprovechando tus habilidades visuales y espaciales para mejorar la retención y el recuerdo de información importante. Esta técnica puede ser particularmente útil para recordar definiciones, procedimientos, y principios clave que son fundamentales para el examen RBT.

Las técnicas de mindfulness pueden ser muy beneficiosas durante la preparación para el examen de RBT ya que pueden ayudarte a mejorar la concentración, reducir el estrés y aumentar la retención de información.

- **Meditación Diaria:** Comienza o termina tu día con una sesión de meditación. Incluso unos pocos minutos pueden ser útiles. La meditación te ayuda a centrarte, aclarar tu mente y reducir la ansiedad.

- **Respiración Consciente:** Antes de comenzar una sesión de estudio, toma unos minutos para practicar la respiración consciente. Esto puede ayudarte a calmarte y enfocarte en la tarea que tienes entre manos.

- **Pausas de Mindfulness Durante el Estudio:** Durante largas sesiones de estudio, toma breves pausas para practicar mindfulness. Esto puede ser tan simple como cerrar los ojos, respirar profundamente y prestar atención a tus sensaciones corporales por un momento.

- **Conciencia Plena Mientras Estudias:** Trata de estar completamente presente mientras estudias. Si tu mente se desvía, reconócelo suavemente y guíala de vuelta al material de estudio sin juzgarte.

- **Mindfulness en Actividades Cotidianas:** Practica estar plenamente presente en otras actividades diarias, como comer o caminar. Esto puede aumentar tu capacidad general de enfocarte y estar presente, lo que es útil para estudiar.

- **Ejercicios de Atención Plena:** Realiza ejercicios específicos de mindfulness, como prestar atención a diferentes sonidos, observar tus pensamientos sin involucrarte en ellos o enfocarte en diferentes partes de tu cuerpo.

- **Yoga o Tai Chi:** Incorporar prácticas como el yoga o el tai chi puede ser una excelente manera de combinar ejercicio físico con mindfulness, lo que puede mejorar tanto tu bienestar físico como mental.

Establece Intenciones de Estudio: Antes de cada sesión de estudio, tómate un momento para establecer una intención clara. Esto te ayuda a recordar por qué estás estudiando y a mantener el enfoque en tus objetivos.

Mindfulness en Respuestas de Examen: Durante el examen, si te encuentras nervioso o atascado, usa breves técnicas de respiración consciente o atención plena para centrarte y calmar tu mente.

Reconocimiento del Progreso: Al final de cada sesión de estudio, reconoce y agradece el esfuerzo y el progreso que has realizado. Esto puede aumentar la motivación y la actitud positiva.

Incorporar mindfulness en tu rutina de estudio no solo te ayudará a prepararte mejor para el examen de RBT, sino que también puede mejorar tu bienestar general y tu capacidad para manejar el estrés. Recuerda que la práctica regular es clave para obtener los beneficios del mindfulness.

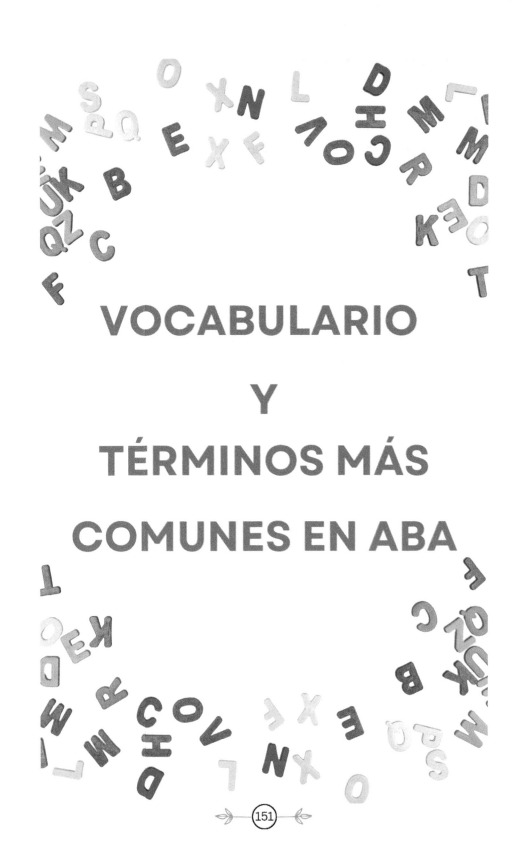

VOCABULARIO

Y

TÉRMINOS MÁS

COMUNES EN ABA

COMMON MALADAPTIVE BEHAVIORS IN ABA - COMPORTAMIENTOS MALADAPTATIVOS COMUNES EN ABA.

- **bolting:** fuga repentina, correr o alejarse rápidamente sin advertencia.
- **bullying behavior:** comportamiento de acoso, intimidar o agredir a otros.
- **climbing behavior:** comportamiento de trepar, escalar de manera insegura o inapropiada.
- **compulsive behavior:** comportamiento compulsivo, realizar acciones repetitivas sin razón funcional clara.
- **defiant behavior:** comportamiento desafiante, resistirse a la autoridad.
- **disruptive behavior:** comportamiento disruptivo, acciones que interrumpen el entorno.
- **echolalia:** ecolalia, repetición de palabras o frases dichas por otros.
- **elopement:** fuga, escapar del entorno o cuidador sin supervisión.
- **food refusal:** rechazo de alimentos, negarse a comer o ser selectivo.
- **hand flapping:** aleteo de manos, movimiento repetitivo de las manos.
- **hitting:** golpear, usar manos o brazos para golpear a otros.
- **hyperactivity:** hiperactividad, exceso de actividad física o dificultad para estar quieto.
- **inattention:** falta de atención, dificultad para concentrarse.
- **inappropriate social behavior:** comportamiento social inapropiado, no ajustarse a normas sociales.
- **isolation:** aislamiento, preferir estar solo y retirarse de interacciones.
- **kicking:** patear, golpear a otros o a objetos con los pies.
- **non-compliance:** falta de cumplimiento, no seguir instrucciones adecuadamente.
- **pica:** ingestión de objetos no comestibles.
- **physical aggression:** agresión física, comportamientos violentos hacia otros, como golpear.
- **property destruction:** destrucción de propiedad, dañar objetos intencionadamente.
- **repetitive/stereotyped behavior:** comportamiento repetitivo/estereotipado, acciones sin función aparente, como balanceo.

- **scripting:** escritura de guiones, repetir diálogos o frases de medios.
- **self-injurious behavior (SIB):** autolesiones, causarse daño a uno mismo intencionalmente.
- **screaming:** gritar, emitir gritos fuertes y sostenidos como forma de comunicación o como conducta disruptiva.
- **self-stimulatory behavior** (stimming): autoestimulación, movimientos repetitivos como aleteo de manos.
- **social avoidance:** evitación social, retirarse de interacciones sociales.
- **task refusal:** negativa a realizar tareas, resistencia a instrucciones.
- verbal aggression: agresión verbal, usar lenguaje ofensivo para herir a otros.
- **whining:** quejido, emitir sonidos o palabras de queja o descontento de manera repetitiva o persistente, a menudo en respuesta a situaciones no deseadas o incómodas.
- **wandering:** deambular, moverse sin dirección o propósito claro, a menudo asociado con la falta de atención o la fuga.
- **withdrawal:** retirada, desengancharse socialmente y emocionalmente de situaciones y relaciones.

COMMON REPLACEMENT BEHAVIORS IN ABA - COMPORTAMIENTOS DE REEMPLAZO COMUNES EN ABA

- **accepting denials or delays:** aceptar negativas o demoras, manejar adecuadamente cuando no se pueden satisfacer las solicitudes inmediatamente.
- **accepting non-preferred activities/tangibles/events:** aceptar actividades, objetos o eventos no preferidos, manejar situaciones menos deseables de manera adecuada.
- **anger control:** control del enojo, aprender técnicas para manejar y expresar el enojo de forma saludable.
- **appropriate attention seeking:** buscar atención de manera adecuada, mediante el uso de palabras o gestos sociales aceptables.
- **appropriate play with peers:** juego apropiado con compañeros, participar en actividades lúdicas respetando las reglas sociales.
- **assertive communication:** expresar opiniones y necesidades de manera clara y respetuosa, sin ser agresivo ni pasivo.
- **behavior reduction:** reducción de comportamientos, técnicas para disminuir comportamientos no deseados o disruptivos.
- **brush teeth training:** entrenamiento para cepillar dientes, aprender y practicar la higiene bucal diaria.
- **collaborative play:** juego colaborativo, participar en juegos y actividades con otros, promoviendo la cooperación y la interacción social.
- **compliance training:** entrenamiento de cumplimiento, fomentar la cooperación y el seguimiento de instrucciones o tareas.
- **compliance with non-preferred task/activities:** cumplimiento con tareas/actividades no preferidas, aprender a aceptar y realizar tareas menos deseables.
- **compliance with transitions:** cumplir con las transiciones, moverse de una actividad a otra de manera fluida y sin resistencia.
- **completion of adls (activities of daily living):** completar actividades de la vida diaria, como vestirse o comer de manera independiente.
- **daily living skills training (dls):** entrenamiento en habilidades para la vida diaria, mejorar habilidades básicas para la vida cotidiana como vestirse, comer, etc.

- **demonstrate caution in environment:** demostrar precaución en el entorno, aprender a reconocer y reaccionar adecuadamente a peligros potenciales en diferentes entornos.
- **dress and undress:** vestir y desvestir, aprender a manejar la ropa y vestirse de manera independiente.
- **eating training:** entrenamiento para comer, desarrollar habilidades para una alimentación adecuada y comportamiento en la mesa.
- **echoic training:** practicar la imitación vocal como respuesta a estímulos verbales.
- **engaging in group activities:** participar en actividades grupales, colaborar y formar parte de actividades colectivas.
- **engaging in independent play:** participar en juego independiente, jugar solo de manera productiva y creativa.
- **environmental awareness:** conciencia ambiental, desarrollar la comprensión y adaptación al entorno físico y social.
- **expressing emotions verbally:** expresar emociones verbalmente, usar palabras para describir cómo se siente.
- **expressing preferences verbally:** expresar preferencias verbalmente, comunicar gustos y aversiones de manera clara.
- **FCT in the form to request break/help:** fct para solicitar descanso/ayuda, utilizar la comunicación funcional para pedir un descanso o asistencia de forma clara.
- **fire safety:** seguridad contra incendios, aprender medidas de seguridad y prevención de incendios.
- **following group instructions:** seguir instrucciones grupales, entender y actuar según las directivas dadas en un entorno grupal.
- **following instructions:** seguir instrucciones, entender y ejecutar las indicaciones dadas por otros.
- **functional communication:** usar la comunicación para cumplir funciones específicas, como pedir ayuda o expresar necesidades.
- **identify and express feelings:** identificar y expresar sentimientos, reconocer y comunicar emociones de forma apropiada.
- **increased time on task:** aumentar el tiempo en una tarea, mejorar la capacidad de enfocarse y permanecer en una actividad.

- **learning to be close to peers:** aprender a estar cerca de compañeros, desarrollar habilidades sociales para interactuar con otros.
- **making eye contact:** hacer contacto visual, mirar a los ojos de otros de forma apropiada durante las interacciones.
- **mand for help:** pedido de ayuda, aprender a solicitar ayuda de manera específica y efectiva en diversas situaciones.
- **mand training:** entrenamiento de mandos, desarrollar la habilidad de pedir objetos o acciones específicas.
- **maintaining personal space:** mantener el espacio personal, respetar el espacio físico propio y de los demás.
- **on task time:** tiempo en tarea, mejorar la capacidad de concentrarse y permanecer en una tarea específica.
- **positive self-talk:** autodiálogo positivo, usar palabras alentadoras y afirmaciones para uno mismo.
- **practicing relaxation techniques:** practicar técnicas de relajación, como meditación o ejercicios de respiración para reducir el estrés.
- **problem-solving skills:** habilidades de resolución de problemas, identificar y solucionar conflictos o desafíos de manera efectiva.
- **request for attention:** solicitud de atención: aprender a pedir atención de los demás de manera adecuada y en el momento correcto.
- **request for break:** solicitar un descanso, pedir un tiempo fuera cuando es necesario para regularse.
- **responding to peer initiatives:** responder a iniciativas de compañeros, reaccionar de forma apropiada a los intentos de interacción de otros.
- **response interruption:** interrupción de respuesta, técnicas para modificar o interrumpir respuestas comportamentales inadecuadas.
- **safety training:** entrenamiento de seguridad, enseñar habilidades y prácticas para mantener la seguridad personal.
- **sharing tangibles/time:** compartir objetos o tiempo, aprender a turnarse y compartir con otros.
- **social greetings:** saludos sociales, iniciar interacciones con otros de manera apropiada.
- **social interaction:** interacción social, desarrollar habilidades para interactuar de forma efectiva y adecuada con otras personas.

- **social skills (sharing):** habilidades sociales (compartir), aprender y practicar el compartir con otros de manera justa y considerada.
- **social skills training:** entrenamiento en habilidades sociales, mejorar habilidades para relacionarse con otros y navegar en situaciones sociales.
- **taking turns:** tomar turnos, esperar pacientemente y alternar en actividades o conversaciones.
- **taking turns in group activities:** turnarse en actividades grupales, practicar la espera y el respeto por el turno de otros en actividades grupales.
- **task completion:** completar tareas, finalizar actividades o trabajos asignados de forma satisfactoria.
- **time management:** manejo del tiempo, aprender a organizar y distribuir el tiempo de manera efectiva.
- **toilet training:** entrenamiento para el uso del baño, enseñar y reforzar hábitos de higiene relacionados con el uso del baño.
- **tolerating seating:** tolerancia al sentarse, desarrollar la habilidad para permanecer sentado de manera adecuada y durante tiempos apropiados.
- **using coping strategies:** utilizar estrategias de afrontamiento, como la respiración profunda o contar hasta diez para manejar emociones.
- **using manners:** usar modales, como decir "por favor" y "gracias".
- **verbal expression of needs:** expresión verbal de necesidades, comunicar lo que se necesita o desea de forma clara.
- **waiting appropriately for instruction:** esperar apropiadamente por instrucciones, desarrollar la paciencia y atención al esperar instrucciones o turnos.

- **Antecedent (Antecedente):**
  - "Before behavior" (Antes de la conducta)
- **Behavior (Conducta):**
  - Verbos en gerundio: Palabras como "running", "yelling", o "writing".
  - Acciones específicas: Verbos como "hits", "jumps", o "says".
  - Descripciones de actividades: Frases como "drawing a picture" o "completing a puzzle".
- **Consequence (Consecuencia):**
  - "After behavior" (Después de la conducta)
- **Duration (Duración):**
  - "Total"
  - "Duration" (Duración)
  - "How long" (Cuánto tiempo)
  - "Length of time" (Longitud de tiempo)
- **Frequency (Frecuencia):**
  - "How many times" (Cuántas veces)
  - "Count" (Contar)
  - "The number of times..." (Cantidad de veces que se realiza la conducta)
  - "Tally" (Tally)
- **Rate (Tasa):**
  - "Per hour/day" (Por hora/día)
  - "Specific period of time" (Periodo de tiempo específico)
- **Latency (Latencia):**
  - "Time between" (Tiempo entre)
  - "Starts" (Comienza)
- **IRT (Inter-Response Time / Tiempo entre Respuestas):**
  - "Time between behaviors" (Tiempo entre conductas)
- **Whole Interval Recording (Registro de Intervalo Completo):**
  - "Entire interval" (Intervalo completo)
  - "Entire duration" (Duración completa)
  - "Underestimation" (Subestimación)

- **Partial Interval Recording** (**Registro de Intervalo Parcial**):
  - "Any part of the interval" (Cualquier parte del intervalo)
  - "At any time" (En cualquier momento)
  - "Overestimation" (Sobreestimación)
- **Momentary Time Sampling** (**Muestreo de Tiempo Momentáneo**):
  - "Momentary" (Momentáneo)
  - "PLACHECK" (planned activity check)
  - "Specific moment" (Momento específico)
  - "Instantaneous" (Instantáneo)
  - "Scheduled check" (Verificación programada)
- **Reinforcement** (**Reforzamiento**):
  - "Increase behavior" (Aumentar conducta)
  - "Repeat it in the future" (Se repite en el futuro)
  - "More frequently" (Más frecuente)
  - "Pleasant for the individual" (Agradable para el individuo)
  - "Consistently results in" (Resulta consistentemente en)
  - "Most likely to occur" (Más probable de que ocurra)
- **Punishment** (**Castigo**):
  - "Decrease behavior" (Disminuir conducta)
  - "Aversive for the individual" (Desagradable para el individuo)
  - "Less likely to occur" (Menos probable de que ocurra)
- **Positive Reinforcement** (**Reforzamiento Positivo**):
  - "Add something pleasant" (Agregar algo placentero)
  - "Increase behavior" (Aumentar conducta)
- **Negative Reinforcement** (**Reforzamiento Negativo**):
  - "Remove something aversive" (Eliminar algo aversivo)
  - "Avoid something" (Evitar algo)
  - "Escape from something" (Escapar de algo)
  - "Increase behavior" (Aumentar conducta)
- **Positive Punishment** (**Castigo Positivo**):
  - "Add something aversive" (Agregar algo aversivo)
  - "Decrease behavior" (Disminuir conducta)
  - "Reprimands" (Reprimendas)
- **Negative Punishment** (**Castigo Negativo**):
  - "Remove something" (Eliminar algo)
  - "Take away" (Quitar)
  - "Decrease behavior" (Disminuir conducta)

- "Time out" (Tiempo fuera)
- **Extinction** (**Extinción**):
  - "No reinforcement" (Sin reforzamiento)
  - "Decrease behavior" (Disminuir conducta)
  - "Withholding reinforcement" (Retener reforzamiento)
- **Extinction Burst** (**Ráfaga de Extinción**):
  - "Increase in behavior" (Aumento de la conducta)
  - "After stopping reinforcement" (Después de detener el reforzamiento)
  - "Worsening" (Empeoramiento)
- **Attention** (**Atención**):
  - "Look at me" (Mírame)
  - "Notice" (Notar)
- **Tangible** (**Tangible**):
  - "Get something" (Conseguir algo)
  - "Physical item" (Artículo físico)
  - "Access to a favorite activity" (Acceso a una actividad favorita)
- **Escape** (**Escape**):
  - "Get out" (Salir)
  - "Avoid" (Evitar)
- **Automatic** (**Automático**):
  - "Self-stimulating" (Autoestimulante)
  - "Internal reward" (Recompensa interna)
  - "No social mediation" (Sin mediación social)
  - "During free time" (Durante el tiempo libre)
- **Continuous Reinforcement Schedule:**
  - "Every time" (Cada vez)
  - "Each response" (Cada respuesta)
  - "Initial stages of learning" (Etapas iniciales de aprendizaje)
- **Fixed-Ratio Reinforcement Schedule:**
  - "Set number" (Número fijo)
  - "After every nth response" (Después de cada n-ésima respuesta)
  - "Predictable" (Predecible)
- **Fixed-Interval Reinforcement Schedule:**
  - "Set time" (Tiempo establecido)
  - "First response after" (Primera respuesta después)

- o "Predictable time" (Tiempo predecible)
- **Variable-Ratio Reinforcement Schedule:**
  - o "Average number" (Número promedio)
  - o "Unpredictable" (Impredecible)
  - o "Varies" (Varía)
  - o Examples: "slot machines, lottery" (Ejemplos: máquinas tragamonedas, lotería)
- **Variable-Interval Reinforcement Schedule:**
  - o "Varying time" (Tiempo variable)
  - o "First response after" (Primera respuesta después)
  - o "Random" (Aleatorio)
  - o "Examples: checking email, boss checks work" (Ejemplos: revisar el correo electrónico, el jefe revisa el trabajo)
- **DRA (Differential Reinforcement of Alternative Behavior):**
  - o "Alternative behavior" (Conducta alternativa)
- **DRI (Differential Reinforcement of Incompatible Behavior):**
  - o "Incompatible behavior" (Conducta incompatible)
- **DRO (Differential Reinforcement of Other Behavior):**
  - o "Other behavior" (Otra conducta)
  - o "Absent behavior" (Conducta ausente)
  - o "Does not occur" (No ocurre)
- **Forward Chaining (Encadenamiento hacia Adelante):**
  - o "Sequential" (Secuencial)
  - o "Step by step" (Paso a paso)
  - o "First to last" (De primero a último)
  - o "Building" (Construyendo)
- **Total Task (Tarea Completa):**
  - o "Whole skill" (Habilidad completa)
  - o "All steps at once" (Todos los pasos a la vez)
  - o "Complete task" (Tarea completa)
- **Backward Chaining (Encadenamiento hacia Atrás):**
  - o "Last step first" (Último paso primero)
  - o "Reverse order" (Orden inverso)
  - o "Builds backwards" (Construye hacia atrás)
  - o "Final goal first" (Meta final primero)
- **Shaping (Moldeamiento):**
  - o "Successive approximations" (Aproximaciones sucesivas)

- ○ "Gradually" (Gradualmente)
- ○ "Incremental steps" (Pasos incrementales)
- **Motivating Operation** (**Operación Motivadora**):
  - ○ "Alters effectiveness" (Altera la efectividad)
  - ○ "Value-altering effect" (Efecto que altera el valor)
  - ○ "Hunger" (Hambre)
  - ○ "Thirst" (Sed)
  - ○ "Cold/Heat" (Frío/Calor)
  - ○ "Need" (Necesidad)
  - ○ "Desire" (Deseo)
  - ○ "Deprivation" (Privación)
  - ○ "Satiation" (Saciedad)
- **SD** (**Discriminative Stimulus, Estímulo Discriminativo**):
  - ○ "Signal" (Señal)
  - ○ "Cue" (Pista)
  - ○ "Discriminative" (Discriminativo)
  - ○ "Indicates reinforcement" (Indica reforzamiento)
  - ○ "Availability of reinforcement" (Disponibilidad de refuerzo)
- **DTT** (**Discrete Trial Training, Entrenamiento por Ensayos Discretos**):
  - ○ "Structured" (Estructurado)
  - ○ "Discrete trials" (Ensayos discretos)
  - ○ "Trial" (Ensayo)
  - ○ "Teaching sessions" (Sesiones de enseñanza)
- **NET** (**Natural Environment Training**)
  - ○ "Natural setting" (Entorno natural)
  - ○ "Learning opportunities" (Oportunidades de aprendizaje)
  - ○ "Real-life situations" (Situaciones de la vida real)
  - ○ "Interest-based" (Basado en intereses)
  - ○ "Incidental teaching" (Enseñanza incidental)
- **Token Economy** (**Economía de Fichas**):
  - ○ "Tokens" (Fichas o Puntos)
  - ○ "Exchangeable" (Intercambiables)
  - ○ "Earned" (Ganados)
  - ○ "Reinforcement system" (Sistema de reforzamiento)
- **Generalization** (**Generalización**):
  - ○ "Across situations" (A través de situaciones)
  - ○ "Transfer" (Transferencia)

- **Maintenance (Mantenimiento):**
  - "Over time" (A lo largo del tiempo)
  - Confidentiality (Confidencialidad):
  - "Privacy" (Privacidad)
  - "Secret" (Secreto)
  - Dignity (Dignidad):
  - "Respect" (Respeto)
  - "Worth" (Valor)
- **Dual Relationship (Relación Dual o Múltiple):**
  - "More than one relationship" (Más de una relación)
  - "Conflict" (Conflicto)
  - Interest Conflict (Conflicto de Intereses):
  - "Competing interests" (Intereses en competencia)
  - Examples: "A father offers an RBT additional payment for extra hours outside of scheduled sessions." "An RBT develops a close friendship with a client's family or a supervisor." "An RBT proposes private services to a client's father." "The exchange of expensive gifts between a client's family and an RBT."
- **Crisis and Emergency (Crisis y Emergencia):**
  - "Severe behavior" (Comportamiento severo)
  - "Immediate danger" (Peligro inmediato)
  - "Urgent response" (Respuesta urgente)
  - "Risk" (Riesgo)
  - "Danger" (Peligro)
  - "Self-injurious behavior (SIB)" (Comportamiento autolesivo)
  - "Concern" (Preocupación)

VOCABULARIO EN INGLES USADO EN ABA :
(Vocabulario informal)

A
- **align**: alinear
- **approach**: enfoque, acercarse
- **arise**: surgir
- **afterward**: después
- **a treat**: una golosina
- **argue**: discutir
- **avoid**: evitar
- **attempt**: intentar
- **array**: conjunto, disposición, serie de objetos o estímulos

B
- **best-suited**: más adecuado
- **breaks down**: descompone, divide
- **briefly**: brevemente
- **bribery**: soborno
- **bites**: picaduras, mordidas
- **bead**: cuenta, abalorio
- **beating**: golpeando
- **behavior**: comportamiento
- **behavioral repertoire**: repertorio conductual
- **behavior-analytic services**: servicios de análisis de comportamiento

C
- **challenging task**: tarea desafiante
- **chaining**: encadenamiento
- **current approach**: enfoque actual
- **complex skills**: habilidades complejas
- **concern**: inquietud, preocupación
- **client**: cliente

D
- **do**: hacer
- **doodling**: garabateando
- **doodle**: garabato

D

- **disruptive**: disruptivo
- **deterrent**: disuasorio
- **discourage**: desalentar
- **dropped to the floor**: caído al suelo
- **despite**: a pesar de
- **displayed**: mostrado
- **disturb**: molestar, perturbar

E

- **ensuring**: asegurando, garantizando
- **engages**: se involucra
- **elicited**: provocado
- **elicits**: provoca
- **effectiveness**: efectividad
- **encourage**: alentar, fomentar
- **emerge**: surgir, aparecer
- **emitting**: emitiendo
- **escape**: escape
- **exchange**: intercambio

F

- **feel like it**: tener ganas de
- **fidget toy**: juguete para inquietud
- **fidget**: inquietud
- **further**: más lejos, además
- **feeling down**: sentirse deprimido
- **frequently**: frecuentemente

G

- **gathering**: recopilando
- **grab**: agarrar
- **gift**: regalo
- **guidelines**: pautas

H
· **hair-pulling**: tirarse del cabello
· **hitting**: golpeando
· **harm**: dañar
· **head banging**: golpearse la cabeza
· **harmful**: dañino
· **handling**: manejo
· **hums**: tararea

I
· **involves**: implica, involucra
· **inadvertently**: inadvertidamente
· **inaccurate**: inexacto
· **issues**: problemas
· **infrequently**: infrecuentemente
· **to improve**: mejorar

J
· **join**: unirse
· **justify**: justificar
· **just**: solo

K
· **knot**: nudo
· **know**: saber, conocer
· **kick**: patear

L
· **likelihood**: probabilidad
· **learner**: aprendiz
· **lead**: liderar
· **lying**: mintiendo

M
· **mad**: enojado
· **mild**: leve
· **misuse**: mal uso

M

- **main**: principal
- **maintains**: mantiene
- **maintenance**: mantenimiento

N

- **new**: nuevo
- **next**: próximo
- **near**: cercano
- **no longer has to do**: ya no tiene que hacer
- **neglect**: negligencia
- **notices**: nota

O

- **other than**: distintas
- **outcome**: resultado
- **overly reliant**: demasiado dependiente
- **oversight**: supervisión
- **overhear**: escuchar sin intención
- **overestimate**: sobreestimar
- **over time**: con el tiempo

P

- **peers**: compañeros
- **put in time-out**: puesto en castigo
- **punch**: golpear
- **proficient**: competente
- **praises**: alabanzas
- **proper**: adecuado
- **painful**: doloroso
- **properly trained**: debidamente capacitado
- **parent**: padre o madre
- **problem behavior**: comportamiento problemático
- **punishment**: castigo
- **prompt**: ayuda

Q

- **question**: pregunta
- **quickly**: rápidamente
- **quality**: calidad
- **quantify**: cuantificar
- **quiet**: tranquilo

R

- **realizes that**: se da cuenta de que
- **to request**: solicitar
- **revealing**: revelador
- **read**: leer
- **reliant**: dependiente
- **reappear**: reaparecer
- **replies**: responde
- **reached**: alcanzado
- **responsive**: receptivo
- **regardless**: independientemente
- **regarding**: en cuanto a
- **restrained**: restringido
- **to recite**: recitar
- **reinforcement**: reforzamiento
- **reinforcer**: refuerzo
- **right**: correcto

S

- **schedule**: horario
- **strategy**: estrategia
- **support**: apoyo
- **significant**: significativo
- **skills**: habilidades
- **stimuli**: estímulos
- **stimulus**: estímulo
- **side bias**: sesgo lateral
- **setting**: entorno
- **shaping**: moldear

T

- **task at hand**: tarea en curso
- **thing**: cosa
- **timely manner**: de manera oportuna
- **to an extent**: hasta cierto punto
- **thickest**: más grueso
- **thinnest**: más delgado
- **trigger**: desencadenante
- **thumb sucking**: chuparse el dedo
- **teaching procedure**: procedimiento de enseñanza
- **teachable**: enseñable
- **throwing objects**: lanzar objetos
- **take away**: quitar
- **take off**: quitar
- **tight**: apretado
- **talking out of turn**: hablar fuera de turno
- **toddler**: niño pequeño
- **took**: tomó
- **therefore**: por lo tanto
- **toward**: hacia
- **tapping**: golpeteo
- **training**: entrenamiento
- **trial**: ensayo

U

- **upset**: molesto
- **updated**: actualizado
- **upon**: sobre
- **unmet**: no cumplido
- **unsure**: inseguro
- **undergone**: sometido
- **underestimate**: subestimar

V

- **variety of settings**: variedad de entornos
- **verbal**: verbal
- **visualize**: visualizar

V

- **validate**: validar
- **vary**: variar

W

- **work**: trabajo
- **wait**: esperar
- **want**: querer
- **warning**: advertencia
- **well-being**: bienestar
- **whined**: quejó
- **whenever**: siempre que
- **would best suit**: sería más adecuado
- **withheld**: retenido
- **weakness**: debilidad
- **witness**: testigo
- **withholding**: retención
- **worry**: preocupación

X

- **x-axis**: eje x
- **x-factor**: factor x

Y

- **yield**: ceder
- **yes**: sí
- **young**: joven

Z

- **zone**: zona
- **zero**: cero

REFERENCIAS

- Ayllon, T., & Azrin, N. H. (1968). *The token economy.* New York: Appleton.
- Baer, D. M., Wolf, M. M., & Risley, T. R. (1968). Some current dimensions of applied behavior analysis. *Journal of Applied Behavior Analysis, 1,* 91-97.
- Barbera, M., & Rasmussen, T. (2007). *The verbal behavior approach: How to teach children with autism and related disorders.* London: Jessica Kingsley Publishers.
- Behavior Analyst Certification Board. (2022). *Registered Behavior Technician® Handbook.* Retrieved from https://www.bacb.com/wp-content/uploads/2022/01/RBTHandbook_231023-a.pdf
- Behavior Analyst Certification Board. (2022). *RBT Ethics Code (2.0).* Retrieved from https://www.bacb.com/wp-content/uploads/2022/01/RBT-Ethics-Code-230120-a.pdf
- Bostow, D., & Murdock, K. (2016). *Science of behavior.* Retrieved from http://www.scienceofbehavior.com
- Chazin, K. T., & Ledford, J. R. (2016). Single stimulus preference assessment. In *Evidence-based instructional practices for young children with autism and other disabilities.* Retrieved from http://ebip.vkcsites.org/single-stimulus
- Chazin, K. T., & Ledford, J. R. (2016). Multiple stimulus without replacement (MSWO) preference assessment. In *Evidence-based instructional practices for young children with autism and other disabilities.* Retrieved from http://ebip.vkcsites.org/multiple-stimulus-without-replacement
- Falcomata, T., Roane, H., Hovanetz, A., Kettering, T., & Keeney, K. (2004). An evaluation of response cost in the treatment of inappropriate vocalizations maintained by automatic reinforcement. *Journal of Applied Behavior Analysis, 1,* 83-87.
- Ferraioli, S., Hughes, C., & Smith, T. (2005). A model for problem solving in discrete trial training for children with autism. *Journal of Early Intensive Behavioral Intervention.*
- Foxx, R. M., & Bechtel, D. R. (1983). Overcorrection: A review and analysis. In S. Axelrod & J. Apsche (Eds.), *The effects of punishment on human behavior* (pp. 133-220). New York: Academic.

- Harris, S. L., & Weiss, M. J. (2007). *Right from the start: Behavioral interventions for young children with autism.* Bethesda, MD: Woodbine House.
- Iwata, B. A., Dorsey, M. F., Slifer, K. J., Bauman, K. E., & Richman, G. S. (1994). *The functions of self-injurious behavior: An experimental-epidemiological analysis. Journal of Applied Behavior Analysis, 27,* 215-240. DOI: 10.1901/jaba.1994.27-215
- Lawata, B. A., & Bailey, J. S. (1974). *Reward versus cost token systems: An analysis of the effects on students and teacher. Journal of Applied Behavior Analysis, 7,* 567-576.
- Leaf, R., & McEachin, J. (1999). *A Work in Progress.* New York, NY: DRL Books, L.L.C.
- Lovaas, O. I. (2003). *Teaching individuals with developmental delays: Basic intervention techniques.* Austin, TX: Pro-Ed.
- Maag, J. W. (2017). *Behavior management: From theoretical implications to practical applications (3rd ed.).* Boston, MA: Cengage Learning.
- Miltenberger, R. G. (6th ed.). *Behavior Modification: Principles and Procedures. (Publisher information not provided in your original list)*

INDEX

Made in the USA
Coppell, TX
03 June 2025

50194778R10105